@PRASERFELIZ

SOB O DOMÍNIO DA FELICIDADE, A HISTÓRIA DA MULHER QUE PRESIDIU UM CLUBE DE FUTEBOL E MOSTROU AO BRASIL O QUE É GESTÃO FEMININA DE VERDADE

Índice

Agradecimentos 5
Prefácio 9

Capítulo I 11
O despertador para uma nova vida

Capítulo II 27
O sucesso, por sangue e amor

Capítulo III 39
O aluguel é uma pá que já enterrou e continua
a enterrar grandes negócios

Capítulo IV 53
O toque mágico do talento de gestão feminina
para formar uma grande equipe de vendas

Capítulo V 65
A primeira mulher a administrar o mais
tradicional clube de Santa Maria

Capítulo VI 81
A menininha sonhadora do interior de Venâncio Aires
chega à presidência de um clube de futebol

Capítulo VII 113
O futuro tem marca

Capítulo VIII 135
O momento certo de investir e liderar com vigor

Capítulo IX 145
Consultoria & Gestão: @praserfeliz

Copyright© 2016 by Editora Ser Mais Ltda.
Todos os direitos desta edição são reservados à Editora Ser Mais Ltda.

Presidente:
Mauricio Sita

Capa:
Estúdio Mulata

Diagramação e projeto gráfico:
Cândido Ferreira Jr.

Revisão:
Samuri José Prezzi

Revisão artística:
Edilson Menezes

Gerente de Projetos:
Gleide Santos

Diretora de Operações:
Alessandra Ksenhuck

Diretora Executiva:
Julyana Rosa

Relacionamento com o cliente:
Claudia Pires

Impressão:
Graphium gráfica e editora

Dados Internacionais de Catalogação na Publicação (CIP)
(Câmara Brasileira do Livro, SP, Brasil)

```
Frohlich, Lisete
   @praserfeliz : sob o domínio da felicidade,
a história da mulher que presidiu um clube
de futebol e mostrou ao Brasil o que é gestão
feminina de verdade / Lisete Frohlich. --
São Paulo : Editora Ser Mais, 2016.

   ISBN 978-85-63178-97-8

   1. Clubes de futebol - Administração
2. Mulheres - Relatos 3. Riograndense Futebol
Clube 4. Sucesso em negócios I. Título.

16-01584                              CDD-796.334
```

Índices para catálogo sistemático:

1. Futebol : Administração : Esportes   796.334

Editora Ser Mais Ltda
Rua Antônio Augusto Covello, 472 – Vila Mariana – São Paulo, SP
CEP 01550-060
Fone/fax: (0**11) 2659-0968
site: www.editorasermais.com.br
e-mail: contato@revistasermais.com.br

Agradecimentos

Revirando o baú das recordações, percebo que realmente tenho muito a agradecer e parte desta gratidão é memorialista porque algumas destas pessoas que são objeto da minha gratidão já partiram, especialmente duas delas:

Agradeço à minha mãe, que soube transferir a herança de um legado que soma garra, fibra, energia e qualidade de caráter. A força que me impulsiona a buscar o que muitos consideram impossível ou grande demais tem por inspiração o exemplo que esta pessoa incrível sempre foi para mim. Ela saiu da roça para se tornar a primeira vereadora de Venâncio Aires e ao seu jeito, me ensinou como poderia sair de Santa Maria e alcançar o mundo.

Agradeço ao meu pai por todo companheirismo e amizade, pelo equilíbrio que me ensinou e pelo grande parceiro que foi nos momentos mais difíceis de minha vida.

Gratidão à mana Liane por fazer parte de minha história. De alguma forma, nossos caminhos sempre estiveram cruzados. Eu reconheço e valorizo nossos laços de sangue e de vida!

Obrigada, minha grande amiga e irmã de alma, Maria Arlete Dallapozza, por segurar firmemente minha mão nos momentos difíceis e celebrar comigo as maiores conquistas. Você tem um lugar reservado em meu coração!

Sou grata à Andréa Garcia pelo *feeling* de enxergar e apostar como perfeitamente possível que uma mulher assumisse cargo executivo em um clube esportivo e social. Você abriu uma porta que nunca mais se fechou e agora é minha vez, através deste livro, de abrir muitas outras portas para mulheres de todo o Brasil!

Minha gratidão às pessoas mais importantes que tenho em minha vida, os filhos Michele e Matheus e a netinha Ana Clara. Tudo que construí e construo é pensando em dedicar a vocês. Eu sempre lhes disse que um dia escreveria um livro e agora, @praserfeliz, realizo este sonho. Uma parte de minha essência estará sempre em vocês e em seus filhos. Sonhem e voem alto porque eu acredito em vocês!

— *O seu problema é sonhar alto demais!*

Agradeço às pessoas que me disseram isso. Vocês foram essenciais porque me fizeram enxergar ainda mais adiante e ao mesmo tempo, me permitiram ver que é para frente que se anda.

Agradeço ao amigo e coach Bob Floriano por toda transformação que me proporcionou. Foram muitos ensinamentos, conselhos e mudanças de rota. Você foi inspiração e luz. Guiou meus passos em momentos adversos e mostrou que eu poderia crescer ainda mais como pessoa e profissional. Construí uma nova história desde que te conheci, baseada em *@praserfeliz*, ou seja, **sob o domínio da felicidade**. Foi com você que aprendi a abrir "o embrulho" de todos os presentes que a vida me concede diariamente, pelos quais agradeço e me reconheço como merecedora.

Sou grata a você que se dispõe a ler esta obra e deixo-te um presente. Vou partilhar minha filosofia de vida, a mesma que tantas vezes declamei durante todo o processo educacional de meus filhos. Espero que inspire a sua busca tanto quanto norteou a nossa.

> Sou perfeita, alegre e forte.
> Tenho amor e muita sorte.
> Sou feliz e inteligente.
> Vivo positivamente.
> Tenho paz, sou um sucesso.
> Tenho tudo que peço.
> Acredito firmemente no poder da minha mente porque é Deus no meu subconsciente.
>
> Lauro Trevisan

Cada palavra inserida nesta obra tem o firme propósito de transformar a sua vida e os seus negócios, porque se eu consegui transformar a minha e conquistar cada sonho que almejei, você também pode...

Prefácio

Recebi o convite para prefaciar esta obra como um presente raro e muito desejável.

Conheci Lisete há alguns anos num ambiente profissional muito difícil de sobreviver, caso os seus valores fossem fracos. E ela é uma sobrevivente das mais fortes.

Percebi nela a determinação, a persistência, a clareza, a coragem e a paixão que movem as pessoas de alma sincera e jamais medem esforços para cumprir seus propósitos.

Nesta obra você conhecerá muito de tudo isso, mas ainda estará longe do que realmente significa a personalidade da mulher competente que é Lisete, hoje uma das melhores gestoras também da própria vida.

Sua bondade com absolutamente todos que trabalham com ela ultrapassa o limite daquilo que chamamos de fraternidade.

É muito mais do que pessoa do bem, profissional do bem, mãe do bem, vó do bem, administradora do bem e alma do bem.

Quem disse que existe uma idade limite para se transformar? Ela prova todo dia que agora é o momento desta evolução.

@praserfeliz é sua receita, seu mapa, seu mantra, sua fé.

Faça desta obra, assim como eu, o combustível do seu desenvolvimento.

A bola está rolando e só temos olhos para a vitória. Lisete o convocou a jogar em prol da felicidade. Dê o seu melhor!

Felicidades!

Bob Floriano

Capítulo I

•

O despertador para uma nova vida

Vamos começar pelo título – @praserfeliz – significa que estou sob o domínio da felicidade. É como o seu e-mail: maria@microsoft.com, ou seja, maria está sob o domínio da empresa Microsoft, para a qual trabalha. Isso significa que hoje eu trabalho para a felicidade e, vice-versa; permito que a felicidade trabalhe em minha vida.

Nem sempre foi assim e prometo que vou revelar tudo em detalhes...

Quando o relógio apontou 0h30m daquele dia 6 de agosto, um bebê deu o primeiro grito no pequeno vilarejo que se chamava *Linha 17 de junho*, interior de Venâncio Aires, capital nacional do chimarrão e da plantação de fumo. Este bebê era eu.

Sou filha de humilde família alemã e para que você possa imaginar quão humilde, minha pasta escolar, por exemplo, era feita a partir da embalagem de açúcar.

Meus avós chegaram ao Brasil procurando por uma paz que sua pátria não oferecia naqueles tempos. Anos depois, meus pais e eu vivíamos neste vilarejo que ficava a 7Km de Venâncio Aires. Plantávamos principalmente fumo. A cultura alemã reserva para a filha mais velha alguns privilégios. Como filha mais nova, eu usava as roupas da mais velha. Minha irmã foi morar, trabalhar e estudar na cidade e comigo, foi um pouco diferente. Não existia abundância, mas não podemos reclamar do quesito relacionamento.

Registro das irmãs Frohlich. Lisete à esquerda e Liane à direita

Quando eu e a irmã mais velha brigávamos, por exemplo, a mãe nos fazia ficar de joelhos. Tínhamos que rezar e pedir desculpas uma para a outra. Se a mãe se virasse e percebesse que a briga havia

Capítulo I • O despertador para uma nova vida

recomeçado, sua varinha de marmelo substituía o acordo diplomático.

Então, bem cedo aprendemos que era menos doloroso fazer as pazes através do diálogo. Afinal, usávamos saia de preguinhas como uniforme e tínhamos vergonha de ir para a escola com marca de vergão nas pernas.

O comportamento de nossos pais era totalmente oposto. Ela, geniosa, de temperamento forte. Ele, homem calmo, de atitudes passivas e serenas.

Minha mãe teve infância difícil e precisou lavrar a terra desde muito cedo. Meu pai despediu-se de meu avô aos 4 anos e ainda precisou conviver com uma cena horrível. Trouxeram o caixão de seu pai para ser velado em casa e deixaram que o corpo caísse. Seu filho viu toda a cena.

Passou dois dias desaparecido e assustado em plena época de enchente. Todos o procuravam, preocupados, temendo pelo pior e finalmente o encontraram sob a cama.

Minha avó paterna casou-se novamente e sua nova família era mais difícil. Repetiram muitas vezes para o meu pai que ele seria uma pessoa ruim quando crescesse.

Imagine, leitor(a), que a vida de meus pais não foi fácil...

A roça foi o escritório dos primeiros 18 anos da minha história. Acordava todos os dias às 4h30min.

Aos 6 anos, carregava o pesado fardo de fumo e pode acreditar:

O cheiro do fumo pega, fica impregnado na roupa, no corpo e acho que até na alma. Minha mãe fez uma camisa totalmente fechada para aplacar o cheiro forte, mas era em vão.

Meus pais colhiam o fumo e eu o transportava até a carroça. Como toda criança merece brincar, nos poucos momentos de lazer eu precisava de bonecas e o milho em suas várias fases de cultivo era matéria-prima destes brinquedos. Eu tinha a boneca loirinha, a ruivinha e a moreninha.

Não tínhamos energia elétrica e os lampiões eram nossa luz. Relógio também não havia. Porém, o galo era pontual. Assim que cantava, todos saíamos da cama para a longa rotina diária de afazeres.

Eu abastecia e acendia o fogão de lenha, tratava dos porcos, das galinhas e estudava até clarear o dia, momento em que o chimarrão já estava pronto. Tomávamos café e seguíamos para a roça. Voltava por volta de 11h.

Quando a aula acontecia pela manhã, pegava carona com o leiteiro até a escola. Se fosse à tarde, um ônibus que parecia prestes a se desmontar inteiro nos levava.

Confesso que não foram poucas as ocasiões em que chorava e dizia que não queria esta vida para mim. Em minha merenda, tinha sempre pão com açúcar ou pão com ovo. Meus amigos comiam pão de mel.

No futuro, não vou permitir que seja assim! – Eu pensava e me prometia, entre lágrimas.

O vilarejo era pequeno e não justificava a celebração de missas. Semanalmente, íamos para o que se chamava de devoção. Às quartas-feiras, rezávamos e passeávamos por alguma casa da região.

Naquela quarta, minha mãe permitiu o passeio que foi realizado na casa da professora Helga Hass, que me ensinou muito sobre a vida como um todo.

Lisete Frohlich à esquerda e sua professora Helga Hass à direita

Ela tinha uma *TV Colorado RQ*, gigante, do tipo que se usava seletor de canais. Em preto e branco, lembro-me até hoje que quando chegamos em sua casa, estava sendo transmitida a novela *Irmãos Coragem*.

Para nos receber, uma mesa farta estava postada com diversas guloseimas. Comecei a chorar e fui para casa. Estava com 6 anos de idade e já sabia muito bem o que <u>não queria</u>.

— Mãe, eu não quero esta vida para mim!

— Como assim, filha?

— Eu não quero mais comer o que eu como ou viver como eu vivo!

— Filha, tu ainda vais sofrer muito nesta vida porque és muito sonhadora!

— Mas, mãe, eu não vou vender ovos à beira da estrada como todos fazem. Não é isso que eu quero para o meu futuro!

Ela entendia o meu sofrimento, mas só podia lamentar. Não existia nada que pudesse fazer para mudar a realidade da minha ou da nossa vida. Muitas vezes, eu me deitava, fechava os olhos e sonhava sobre onde queria e como poderia estar no futuro.

Quando não existia mais nenhuma tarefa da roça ou do lar para cumprir, a mãe me liberava para brincar. As opções eram restritas e como toda boa *moleca*, dava um jeito de ser feliz com o que tinha. Brincava no barro e cuidava das bonecas de milho ou jogava bolinhas de gude, que por lá chamávamos de *bolitas*, com os guris.

Em dias de chuva, como não dava para lidar com a roça, a mãe me liberava para pescar à beira do açude e como era bom sentir a água que banhava o corpo e a alma. Assumo que muitas vezes torcia para chover porque somente desta maneira não precisaria lidar com o cheiro do fumo.

À noite, especificamente em todas as noites, eu precisava sortir fumo com a mãe e o pai. Fazíamos assim porque durante o dia o cultivo era para gerar resultados à família e durante a noite, ganhávamos um dinheiro extra prestando serviços para outros cultivadores vizinhos.

O que eu recebia como tarefa era cumprido, mas chorava muito. Aos poucos, sonhava, alimentava a certeza que minha vida não seria assim para sempre, que daria um ponto final e me despediria do inesquecível aroma da labuta que me fazia infeliz.

Minha mãe qualificava o fumo, tarefa para a qual dávamos o nome de sortir. Eu amarrava e meu pai enfardava, deixando-o pronto para a venda.

Em raras noites, não havia trabalho a se fazer. Meu pai ligava o seu pequeno rádio de pilha e sintonizava em alguma música triste cuja letra quase sempre tinha relação com a vida sofrida que levávamos. Esta era uma das raras atividades de lazer em família.

Existia, entretanto, outra atividade em família que eu adorava, que me transportava para outro lugar, para outro mundo.

Dia de jogo do Grêmio

Você já se perguntou por que o futebol se tornou o mais popular de todos os esportes no Brasil?

Quando 11 pessoas que representam nossa predileção vencem em campo, milhões de brasileiros sofridos vencem a tristeza. Torcedores não amam só uma camisa. Amam a simbologia que a camisa traz para sua vida!

Eu esperava, ansiosa, pela oportunidade de ouvir o jogo de meu time preferido. Meu pai se sentava, ligava o rádio, colocava seus braços sobre a pequena mesinha de madeira e escutava atentamente. Eu sentava ao seu lado e juntos não perdíamos um instante sequer da partida. Mesmo muito menina, sabia a escalação inteira do time. Sofria, torcia, vibrava, me emocionava e só tinha, por aqueles dias, mais ou menos 7 anos.

De tão apaixonada por futebol, sentia e intuía que o meu futuro estava de alguma maneira ligada aos esportes. Entre estes momentos que intercalavam a dura vida no campo e o desejo de encontrar uma vida diferente daquela, comecei a agir.

Estabeleci um pacto secreto com o meu futuro. Comecei a juntar dinheiro sem contar para ninguém. Não era só **ter dinheiro** de maneira despropositada. Eu entendia que o dinheiro seria o combustível para abastecer um futuro diferente.

Este hábito saudável de poupar, na fase adulta e empreendedora, salvaria minha vida, mas isso é assunto para outros capítulos. Por ora, tenho uma pergunta a fazer.

Você acha que estou falando de um tempo remoto que não existe mais?

Desafio-te a visitar vilarejos pelo Brasil e terás a surpresa de constatar uma realidade diferente da que existe em grandes capitais.

Uma criança de 7 anos nascida em São Paulo, Porto Alegre, Rio de Janeiro ou Belo Horizonte, por exemplo, pede para os pais um equipamento digital que a permita interagir com a nova realidade tecnológica. Porém, uma criança da mesma idade, ou uma

Lisete de qualquer região inóspita, lhe mostrará que muitos Brasis retratam realidades distintas.

Tudo que eu puder somar de dinheiro, vou juntar para participar de um vestibular!

Assim era o meu incipiente pensamento empreendedor. Aos 10 anos, quando tinha folga, minha mãe autorizava que eu fosse à várzea assistir ao jogo do *Ipiranga Linha 17 de junho*, nosso time do vilarejo. Embora não tivesse a menor noção do termo educação financeira, já entendia que o dinheirinho juntado para o vestibular deveria ser intocável e se quisesse assistir aos novos jogos, era preciso outra pequena fonte de renda.

Juntava as garrafinhas do refrigerante Grapette e cada engradado me rendia uns troquinhos. Às vezes, ainda sobrava um dinheirinho aqui e ali. Talvez você imagine que eu comprasse doces e outras guloseimas, como a maior parte das crianças faria. Negativo...

Eu o agregava ao montante reservado para o futuro vestibular.

Os domingos que não previam folga eram direcionados ao corte de soja. Eu pegava a foice e partia para desbravar o plantio e aliás; você já deve ter notado que os dias de descanso eram, obviamente, poucos.

Havia outra atividade que eu detestava, mas precisava fazer porque rendia um dinheiro extra para a família: vender pastel para os frequentadores, muitos deles bêbados, da cancha de bocha[1] que minha mãe administrava por aquela época.

---

[1] cancha de bocha — nome dado ao "campo" onde se pratica bocha, jogo cujo objetivo é fazer rolarem as bolas maiores para que se aproximem do "bolim", ou seja, da bola menor.

Cancha de bocha onde a autora vendia pastéis

Dentre as atividades, portanto, além da lida doméstica, tínhamos cultivo de fumo durante o dia para a sobrevivência, seleção do fumo para terceiros e à noite ou aos finais de semana, quase sempre surgia uma outra forma de se conseguir um extra.

Os serviços prestados para a família não me rendiam nenhum ganho, é claro. Um ou outro domingo de folga, este ou aquele vizinho precisava de alguém para quebrar erva ou milho e para cortar soja. Lá estava eu, pronta para machucar um pouco mais as mãos já calejadas, porque nutria o sonho de uma nova vida.

No quarto, o desconfortável colchão de minha cama era feito de crinas de cavalo e havia uma pequena estante ao lado dele. Era ali, naquela estante, que depositava o passaporte para meu futuro: as pequenas economias conquistadas com muitos calos e constante cansaço; mas com o vigor e a determinação de quem se dispõe a encarar qualquer obstáculo.

Os domingos apresentavam, então, três alternativas:

1) Estudar muito, algo que eu fazia com imenso prazer e motivada para sair dali;
2) Trabalho para vizinhos;
3) Trabalho na várzea do time local, juntando garrafinhas de refrigerante Grapette durante o intervalo.

Até hoje, ainda tenho guardados os pedacinhos de papel onde anotava, sobre a velha escrivaninha, o que queria no futuro.

Escrivaninha que testemunhou os desejos da menina que se tornaria uma grande gestora

Já tinha dinheiro suficiente para o vestibular, então me permiti o primeiro presente. Estava cansada de acordar com o galo, mas precisava continuar despertando cedo.

Comprei um despertador *O'Clock* de mostrador grande. Pode parecer algo simples, mas não se engane. Eu achava este relógio um tesouro e era a primeira vez que tinha algo tecnológico na vida. Fazia um baita barulhão. Não o usava somente para acordar. Eu o programava para organizar o tempo de estudo, de tarefas e, no fundo, posso afirmar que este aparelho não me acordava para cumprir tarefas. Ele me acordava para uma nova vida.

Ilustração do relógio narrado

Hoje, viajei praticamente por todo o mundo e conheci os continentes. Naquela época em que alimentava os sonhos, entretanto, nunca tinha viajado. Adivinhe para onde foi a primeira viagem que fiz?

Rumo ao vestibular. De Venâncio Aires para Pelotas, aproximadamente 600Km. A primeira sensação foi de medo. Nunca entrara, até ali, num ônibus de viagem.

Capítulo I • O despertador para uma nova vida

Deu certo...
Realizei o sonho de deixar aquela vida.
Muitos anos depois, já em fase adulta, mudei-me para Santa Maria. Morei em praticamente todas as vilas da região. Certa vez, dirigindo meu fusca amarelo enquanto dava carona para uma amiga, soube que a cobertura daquele prédio de uma das mais nobres áreas da região estava à venda. Anotei no papel que moraria ali e disse para minha mãe:

— Eu vou comprar esta cobertura e vou me mudar até dezembro!

— Ai, filha, de novo? Você sempre com esta mania de sonhar...

No dia 13 de dezembro daquele ano, comprei a cobertura.

Felizmente, antes que minha mãe falecesse, conseguiu ver tudo que construí em termos de patrimônio, carreira e felicidade. Escutei dela outra frase:

— Filha, sempre tive medo de que tu sofrerias muito e como é bom ver que tu fostes tão longe!

Experimentei o primeiro iogurte e o primeiro suco aos 23 anos e toda a privação de conforto serviu para reforçar quem eu queria ser.

Tornei-me executiva, consultora, presidente de clube. Fui premiada por órgãos renomados. Meu nome, marca maior de tudo que tenho realizado, é reconhecido como sinônimo de credibilidade.

Você comprou ou ganhou esta obra e certamente deitou os olhos nela para procurar respostas. Nos próximos capítulos, vou partilhar contigo como é possível encontrar o sucesso em sua vida pessoal e profissional, mas eu não poderia deixar de te contar estes pormenores, porque seria muito fácil narrar os momentos de celebração da carreira, mas quero ir muito além...

Quero inspirar a mulher que está, literal ou metaforicamente, na roça.

A mulher que está na faculdade se preparando para ser executiva.

O homem que procura sua missão de vida e ainda não a encontrou.

O clube do seu coração, que talvez não encontre resultados porque seus gestores pensam no título, mas não pensam com visão empreendedora e estratégias gestoras.

Quero inspirar, enfim, você já escutou alguém lhe dizer, mesmo com ótimas intenções, o mesmo que escutei:
— *Isso é grande demais para pessoas como nós!*
— *Você sonha muito alto!*
Você acredita mesmo que é capaz, que quer muito isso, que pode, merece e consegue realizar? Eu também acredito. Vamos aos próximos capítulos, pois estamos sob o domínio da felicidade.

Capítulo II

O sucesso, por sangue e amor

Vou partilhar uma mínima parte da vida de meu tesouro familiar. Ainda neste capítulo, você vai entender porque minha história de sucesso tem relação com a família e como esta relação pode inspirar sua história de sucesso e conquistas.

O livro que temos em família narra a chegada ao Brasil de meus bisavôs alemães. Partiram de sua pátria e dos terríveis dias de guerra rumo à incerteza. Foram sobreviventes no navio que os trouxe da Alemanha, onde viviam no pequeno município de Spabrücken, para o Brasil.

Não deve ter sido uma decisão fácil. Deixavam um lugar que tinha menos de mil habitantes, onde quase todos se conheciam, para buscar uma vida melhor neste país de gigantesca extensão territorial, populacional, de cultura e costumes diferentes.

Os Frohlich sabiam destas dificuldades. Não adentraram no navio desavisados. Foram destemidos, assumiram riscos e tiveram sucesso. Muitos passageiros e tripulantes não suportaram as dificuldades da viagem tão longa, que durava entre 70 e 90 dias.

Eles conseguiram.

Já em terras brasileiras, começaram a trabalhar no agronegócio sulista. Experimentaram momentos difíceis. Estabeleceram-se em *Linha de Santa Emília*, também interior de Venâncio Aires, Rio Grande do Sul. Casaram-se e tiveram os filhos que dariam continuidade à vida dos Frohlich no país verde e amarelo.

Na infância, quem teve chance de passar férias em casa dos avós sabe como é bom. Meu avô ia até a cidade e voltava com aquelas balas enormes que pareciam nunca mais ter fim. Eu adorava, achava o máximo.

Ilustração das balas que fizeram parte da infância

Como narrei no capítulo anterior, o avô paterno faleceu quando meu pai tinha 4 anos e minha avó, tempos depois, casou-se novamente.

Os tradicionais costumes alemães fizeram parte de toda minha infância. As refeições aconteciam na enorme mesa de madeira, com horários regradíssimos. O café era servido muito cedo. Às 10h, o momento do lanche e às 12h, fizesse chuva ou sol, o almoço estaria servido.

Enquanto isso, eu adorava acompanhar o avô na roça. Ele usava vermífugos para combater os formigueiros que se formavam ao redor da plantação. Em minha imaginação de guria, era um herói de capa lutando para preservar o que plantara com tanto esforço. O avô espalhava o veneno que saía da latinha e eu o seguia, diligente, toda peralta, acompanhando tudo como uma grande brincadeira.

Na hora de dormir, ficar com minha avó era maravilhoso. Ela tinha os cabelos longos em trança, com as quais eu brincava, na ponta dos pequenos dedinhos, até que o sono chegasse.

Do outro lado, quando eu tinha a chance de estar na casa dos avós maternos, o calhambeque de meu avô, com detalhes laterais em madeira e ignição à manivela, era a sensação. Uma vez aqui e outra acolá, ele nos levava para passear.

Ilustração do calhambeque do avô

Além deste lazer sobre rodas, havia o prazer do som e nossa família, por parte de minha mãe, sempre teve músicos. Os tios tocavam gaita, acompanhados pelas intérpretes: minha mãe e sua irmã.

Nos tempos da radionovela, ambas participavam ao vivo na pequena rádio local e nós ficávamos, às tardes de sábado, com os ouvidos coladinhos ao rádio, a esperar pela participação delas.

Era assim o convívio de minhas raras férias com os avós. Entretanto, permita-me voltar ainda um pouco mais, para que você entenda como a família tem papel fundamental no sucesso.

Quando a minha mãe descobriu que estava grávida pela segunda vez, desde o primeiro instante, sempre quis um guri. Talvez imaginasse que seria bacana ter um casal de filhos. Até mesmo o nome ela já tinha escolhido. Milton Luiz.

Pouco depois que eu nasci, uma hemorragia muito grave acometeu minha mãe e foi necessário retirar o útero, procedimento que a igreja católica daqueles dias, com grande influência na vida em comunidade do pequeno vilarejo, desaprovava. O médico consultou o padre e a resposta foi direta.

— Não!

O médico apelou para a ética em seu argumento com o sacerdote.

— Padre, eu fiz um juramento quando me formei. Não posso permitir que esta mulher morra!

O padre não aceitou e mesmo contra sua vontade, o médico fez o procedimento. Salvou a vida de minha mãe. Em represália, ela foi proibida de frequentar a igreja por muitos anos.

Capítulo II • O sucesso, por sangue e amor

Vamos usar da empatia e imaginar como ela se sentiu naquele instante.

Quase perdeu a vida. Frustrou-se porque queria um menino e nasceu uma menina. Tornou-se *persona non grata* na igreja. Teve o útero extraído, algo que mexe com o instinto feminino de procriar.

A soma de todos estes acontecimentos foi demais e a mãe ficou doente, com o previsível diagnóstico de depressão pós-parto.

Eu sempre soube que ela queria um filho, mas isso não me entristeceu. Decidi que daria muitos e muitos motivos para ela se orgulhar de ter gerado uma segunda criança do sexo feminino.

Na maior parte de minha infância e confesso que até a vida adulta, sempre procurei fazer tudo certinho, com destaque, acima da média. Desejava que minha mãe aprovasse meus comportamentos, escolhas e conquistas.

Esta base de desejos infantis serviu para amparar a maneira como encararia clientes em minha consultoria, pois não há nada de errado em buscar aprovação e excelência.

> Não permito que o fato de ser mulher me impeça de conquistar vitórias teoricamente inconquistáveis. Eu desbravo o impossível até que se torne possível.

Prometi, no começo do capítulo, que até o final dele você entenderia porque menciono os avós. Agora, tenho convicção de que você compreendeu. É uma questão de influência educacional. Foram guerreiros e, com o sangue deles a fervilhar pelas veias, assim eu sou.

Corre em meu sangue o DNA dos avós que enfrentaram meses num navio para fugir dos horrores da guerra.

Os seus avós decerto fizeram muitas coisas das quais você se orgulha.

Sou grata por ter o mesmo sangue destas pessoas incríveis correndo em minhas veias.

Você não pode abrir mão desta visão grata e não pode nutrir nenhum rancor, mesmo que a história da família atual apresente seus avós como vilões. Pense que fizeram as escolhas possíveis com o conhecimento que tinham.

Eu olho para o passado familiar e me fortaleço no presente para lutar até o fim.

Vislumbre assim a sua família porque o seu passado teve participação, proteção e torcida daqueles que te amaram e amam.

Eu não permito, em nome de meus pais, avós e bisavós, desta gente maravilhosa que lutou com as mãos enfiadas na terra até ficarem em carne viva, que machistas de plantão me mandem calar ou abaixar a cabeça, que tentem frear ou limitar meus esforços, porque sou tão ou mais capaz que eles e não sou exceção.

Capítulo II • O sucesso, por sangue e amor

Toda mulher é potencialmente capacitada a exercer cargos de confiança. Coloque em dúvida qualquer estudo, pesquisa ou afirmação que diga o contrário disso e acredite, como eu acredito, no sangue que corre em suas veias. Perdoe as escolhas incertas dos pais, avós e use deles o que tinham de melhor.

> A vida em sociedade te ensinou a olhar para a família de maneira mais distante. Quem escolhe é você, mas proponho que não faça isso em relação ao passado. Você vive uma continuação histórica de boas ideias e boas intenções. Multiplique-as!

Aí está um grande segredo para se fazer sucesso. Valorize a herança sanguínea que carrega impregnada em suas células. Todos que vieram antes de você tinham algo de vencedor nos comportamentos e competências. Honre e estimule o melhor que tinham. Instrua seus filhos e netos a fazerem o mesmo e as futuras gerações de sua família terão sucesso.

> Quando o passado é valorizado e o presente é bem trabalhado, no futuro não haverá nenhum componente da família fracassado.

Entendi o momento que minha mãe vivia e procurei dar-lhe muito orgulho. Meu amor por ela nunca titubeou. Tive a satisfação de vê-la feliz quando me viu conquistando formações acadêmicas. Pude ver o tamanho do sorriso dela quando soube que eu iria, pela primeira vez e com os próprios recursos, para a Alemanha. Consegui ver os olhos emocionados de minha mãe quando comprei uma cobertura. A lista dos sonhos conquistados era ainda melhor de celebrar porque ela estava comigo. Um dia, a enfermidade chegou. Tinha memória remota, mas não se lembrava de nada que tivesse vivido recentemente. Sentava-se no vaso sanitário e dizia que queria ir ao banheiro. Almoçava e minutos depois, queria almoçar. Não reconhecia aos que tanto a amavam.

No ano de 2006, três anos depois do diagnóstico que causou muito sofrimento e após ter vivido todos os estágios do *Mal de Alzheimer*, minha referência maior de ética e caráter faleceu.

Antes de adoecer e partir, ela me deu mais um momento de felicidade e paz porque descobriu que o seu maior medo, desde os meus primeiros passos, era infundado.

— *Filha, tu ainda vais sofrer muito nesta vida porque és sonhadora demais!*

Ela viveu o suficiente para confirmar que sua caçula era mesmo grande sonhadora, mas atuava com maior eficiência como realizadora destes mesmos sonhos.

A lição que pretendo deixar para você, enquanto abro o baú da intimidade familiar, é a seguinte:

Não se aborreça e tampouco guarde mágoa das pessoas que ama porque afirmaram um dia que você sonhou alto demais. Mostre que é capaz de realizar cada sonho e posso te garantir:

Capítulo II • O sucesso, por sangue e amor

no dia da celebração, vai descobrir que esta pessoa não julgava você incapaz de sonhar. Ela só estava temia que se machucasse.

Demonstre que você pode até se machucar, porque nenhuma conquista costuma ser totalmente livre de esforços, mas apresente-se capaz e merecedor(a) daquilo que sonhou.

Depois da realização, o abraço das pessoas que temiam sua dor é forte e generoso. O sorriso que te oferecem tem tanto brilho que você vai desejar vê-lo mais uma vez e por isso, Da. Hilda Frohlich, minha mãe, registra outra lição para o sucesso; tanto o meu como o seu.

> Se você ama e se preocupa com a pessoa, mas teme que seus sonhos ocasionem dor, quando vê-la realizar, ofereça o mais franco sorriso e o mais forte abraço, porque ela nunca mais vai parar de sonhar e realizar.

Eu sou, sempre fui e vou continuar muito sonhadora. Tenho um compromisso comigo: realizo tudo que defini como sonho porque o mundo da fantasia é cheio de beleza e encantamento. Todavia, não leva ninguém ao sucesso.

Se eu quero algo, vou atrás até conseguir. A partir de agora, se você também agir assim por inspiração desta leitura, acabamos de assinar um pacto de comprometimento com a excelência. Eu vou cumprir este trato até o final do livro.

Antes de acelerar na gestão esportiva, você merecia motivar-se através da valorização de tudo que já fez e da honradez da qual seus antepassados são dignos.

Nos próximos capítulos, vou esmiuçar fortemente o tema da obra e sabe por que eu te preparei muito, antes de entrar no seríssimo *mote*?

Nada é pior do que formar especialistas em um tema e ignorar seu passado ou presente, bases para um futuro exitoso que só vai existir se você olhar e honrar os que te deram a vida.

Quem sabe, tomara que não, você seja uma destas pessoas que diz:

— Eu não preciso de ninguém da família, seja do passado ou do presente, para vencer e formar uma carreira de sucesso no ambiente esportivo ou corporativo!

Neste caso, tenho uma pergunta que vai finalizar o capítulo.

Você conhece algum eremita que tenha assumido cargo de confiança, como CEO, presidente, vice-presidente ou diretor?

Eu também não conheço.

Nada tenho contra eremitas, mas cada um em sua área e se você adquiriu esta obra, comprada ou presenteada, com certeza não vive na solidão de uma gruta qualquer.

Vamos, portanto, à gestão esportiva e corporativa.

Vou começar narrando o que fiz para ser escolhida duas vezes pelo SEBRAE como *talento empreendedor*, até que me tornasse a mulher de negócios do ano pelo mesmo órgão.

Capítulo III

•

O aluguel é uma pá que já enterrou e continua a enterrar grandes negócios

Quando escutei pela primeira vez que tinha sido indicada ao **prêmio SEBRAE Mulher de Negócios** pelo Rio Grande do Sul e estava entre as 50 finalistas, achei o máximo. Algum tempo depois, me informaram que eu estava entre as 10. Houve um dia, afinal, que um susto, algo como um tranco me fez sentir falta de ar. Uma consultora do SEBRAE veio até a empresa e disse que ficaria lá por uma semana acompanhando meu *case* porque eu estava entre as 5 finalistas.

Veio a notícia. Um batalhão da imprensa me aguardava. Tinha sido eleita pelo SEBRAE, dentre uma população gaúcha estimada em 11 milhões, a **Mulher de Negócios** do ano.

@PRASERFELIZ • LISETE FROHLICH

> *A conquista de algo grandioso depende de façanhas que devem ser divididas. Se eu disser como conquistei e você fizer o mesmo quando conquistar, em algumas gerações teremos muitos vencedores.*

Prevendo esta possibilidade, vou repartir com você os segredos dos *cases de gestão* e *empreendedorismo* que frutificaram para minha carreira os mais cobiçados prêmios nacionais.

Toda conquista traz alguma dor. Até hoje jamais conheci alguém que tenha obtido uma proeza sem amargar o fel das experiências negativas. Pontuais, sim. Indolores, jamais. Esta constatação me coloca frente a frente com a necessidade de decidir.

Capítulo III • O aluguel é uma pá que já enterrou e continua a enterrar grandes negócios

1) Devo narrar somente as partes positivas e desta maneira assumir o risco de que você se inspire na fantasia de uma vitória conquistada sem dor?

2) Devo abrir um pouco de minha intimidade para inspirar você a tornar-se especialista em gestão com o jogo aberto, para que se fortaleça e saiba que tempestades surgem, mas partem e o sucesso fica?

Eu vou decidir pela segunda opção...

Durante 14 anos, dediquei-me como profissional à empresa familiar do ramo agropecuário. No começo, era responsável pelas divisões de selaria e pilcha[2]. Comecei a me destacar cada vez mais e enfrentei as resistências naturais ao reconhecimento da mulher como gestora. As mesmas barreiras que no futuro enfrentaria ao lidar com as raposas do futebol.

Além do destaque profissional, continuei a procurar qualificações de toda natureza e encontrei porque o ditado *quem procura acha* é positivo.

O Banco do Brasil estava oferecendo aos superintendentes da organização um curso de MBA em gestão empresarial. Sobraram algumas vagas e a instituição decidiu abri-las ao público. Era a primeira vez que a especialização deste nível chegava até Santa Maria e eu decidi que preencheria uma vaga. Abriram o processo seletivo e

---
2 Pilcha: tradicional veste da cultura gaúcha que homens e mulheres da região sulista preservam com grande apreço e valor cultural

disponibilizaram 45 vagas distribuídas entre a população e os superintendentes internos.

No dia da divulgação do resultado, apenas uma mulher residente em Santa Maria estava aprovada. Tornava-me a primeira da região a participar de uma qualificação desta natureza. Como acontece em qualquer ramo, um ou outro estava sempre com uma piadinha pronta para os diretores do sexo masculino da empresa:

— *É, agora com MBA, já estou até vendo: quem vai mandar aqui é a mulher hein?*

— *Vocês que se cuidem, a patroa vai ser ela!*

Foi um período difícil. O casamento já não tinha mais conserto e depois de muita tolerância, decidi dar um basta. Pedi a separação no dia 13 de maio daquele ano e também defini que deixaria a loja. Fui direta:

— Ok, decido me reerguer. Quero ficar então só com as duas divisões da loja: selaria e pilcha.

— Não. Se você quiser, podemos te vender estes setores da empresa!

Eu estava ciente de meu potencial. Troquei mercadorias por um pedaço de terra. Montei a pequena empresa de selaria e pilcha num pequeno terreno deles com 60m² que ficava de frente para esta loja. Não tinha assoalho. Era mais um depósito de lixo do que um terreno comercial. Na madeireira de um amigo, consegui as tábuas. Na serralheria de outro amigo, parcelei a compra das grades. Pagava o aluguel do espaço, a emissão de notas fiscais e embora meu pequeno espaço fos-

Capítulo III • O aluguel é uma pá que já enterrou e continua a enterrar grandes negócios

se uma espécie de extensão da loja de frente, eu não tinha direito nem de pegar café e água.

Eu vou conseguir. Conheço minha capacidade!
— Era assim que eu pensava todo dia.

A despeito dos problemas, a pequena loja foi crescendo, ganhando cada vez mais variedade de itens e novos clientes, até que precisei de alguém para me ajudar. Treinei minha secretária do lar para os afazeres gerais da loja. Trabalhávamos com muito esforço. A principal instrução que ela recebeu: não perder cliente sob nenhuma hipótese. Entrou, precisa comprar. Eu usava até uma frase despachada para ilustrar este cuidado.

Se chegar um cliente, faça como eu: te atira da escada e vende!

Do mesmo jeito que fiz quando criança, consegui rapidamente um ótimo dinheiro que foi guardado em silêncio, sem que ninguém soubesse, porque eu tinha um plano empreendedor.

Faceira, um dia atravessei a rua e fui ter com os arrendadores do imóvel. Eles já tinham percebido que o movimento ia bem e sabiam que eu sou do tipo que só caminha para frente.

— Minha loja tem crescido. Preciso ampliar. Há um recuo grande à frente do terreno que pode ser útil. Vocês me autorizam?

— Não!

— E para trás do terreno, naquele velho depósito de ração? Basta abrir uma porta...

Antes que eu terminasse de falar, fui interrompida.

— Escute aqui, Lisete: será que ainda não entendeu? Aqui não tem mais lugar para você e já passou da hora de sair!

Engoli o choro. Olhei firmemente nos olhos de meu interlocutor e respondi:

— Tu tens razão, aqui é muito pequeno pra mim!

Era um dia chuvoso. Saí a caminhar pela avenida. Entre o amargo das lágrimas que tombavam e a chuva que açoitava meu rosto, me armei com um pensamento determinado.

Vou erguer uma loja nesta mesma avenida que trabalho há 14 anos. Não sei como, mas vou erguer!

De imóvel em imóvel, minha decepção aumentava. Os imóveis à venda custavam quatro vezes a pequena reserva de segurança que acumulara e como gestora experiente, eu não queria alugar.

O fato é que eu tinha escutado uma verdade que até ali negava para o meu coração, mas até um bem dado *pé no traseiro* amadurece. Voltei para a loja. Afundei a cabeça sobre o balcão, como se fosse possível encontrar ali uma solução miraculosa.

Neste momento, entrou na loja um grande amigo e minha tristeza era indisfarçável. Foi logo perguntando o motivo do abatimento. Comentei que precisava de um terreno para expandir minha loja naquela avenida e não tinha encontrado nada.

— Lisete, meu tio quer vender um terreno ao lado de meu prédio por...

Capítulo III • O aluguel é uma pá que já enterrou
e continua a enterrar grandes negócios

— E de onde vou tirar este dinheiro, meu amigo? O que eu tenho nem se aproxima disso.

— Vá até ele e converse. Quem sabe?

Resolvi ir. Fechamos negócio por um valor muito abaixo do que supunha seu sobrinho e meu amigo. Dei o que tinha de entrada e parcelei o restante.

Observe como o pensamento empreendedor move montanhas e aproxima anjos de nosso caminho. Eu quis construir do meu jeito. Em nenhum instante pensei em alugar terreno ou imóvel e agora explicarei a razão.

O aluguel é uma pá que já enterrou e continua a enterrar grandes negócios.

Isso tudo aconteceu no mês de janeiro. Comprei o terreno. Ordenei que o fechassem com tapume e ninguém ficou sabendo quem era o novo dono ou o que seria inaugurado naquele imóvel.

No instante ideal, o sigilo é um dos segredos para se obter sucesso em empreendimentos.

Fui até a construtora de outro grande e querido amigo.

— Vim aqui falar contigo porque vou construir um prédio comercial no imóvel que já comprei.

— E tu já tens o terreno? Que maravilha!

— Tenho sim! – Disse eu, de boca bem cheia, toda orgulhosa, sem saber que a próxima pergunta seria um pouco mais difícil.

— E tu tens dinheiro para construir?

— Não. É por isso que estou aqui. Quero saber como posso fazer.

— A única alternativa é recorrer ao BNDES, mas vai demorar porque você precisa de um projeto.

— Quem pode me ensinar?

Deixei o escritório do amigo. Em mãos, um número de telefone. Nos bolsos, nenhum dinheiro para construir minha loja.

O homem indicado era um consultor aposentado que me ensinou todo o passo a passo. Assim que o projeto ficou pronto e foi apresentado, voltei ao escritório de meu amigo construtor.

— O projeto está pronto e já foi submetido. Quero começar a construção amanhã.

— Lisete, não é assim que funciona. E se o empréstimo não for aprovado?

— Vai ser aprovado. Você me conhece. Se não quiser apostar em mim e colocar seus operários lá a partir de amanhã, vou respeitar e assinar contrato com o seu concorrente, mas prefiro fazer contigo!

No outro dia, ele foi me procurar com o contrato pronto e acompanhado de um dos melhores arquitetos de Santa Maria. Tiramos uma foto, assinamos o contrato e colocamos a obra para andar.

Capítulo III • O aluguel é uma pá que já enterrou e continua a enterrar grandes negócios

Assinatura do contrato e início da obra que marcaria um dos maiores cases do comércio varejista na região

Fiz uma última exigência ao amigo construtor.

— Quero inaugurar no dia 02 de setembro para valorizar o mês das tradições gaúchas, com fogo de chão, fonte e música campeira!

Ele riu, duvidou, mas no fundo sabia que eu não desistiria.

Assim aconteceu. O projeto foi aprovado pelo BNDES e a loja foi inaugurada exatamente no dia que decidi. Os produtos que vendíamos traziam impressa a marca que eu criei e ficou conhecida por toda a região sul.

Nossa loja tornou-se ponto de encontro de embaixadores e outras autoridades alemãs em visita ao Brasil. Como eu falo o idioma, sempre os recebi com imenso prazer. Aos sábados, sempre tínhamos música campeira e os cavaleiros vinham aos montes. Levávamos vacas leiteiras para ensinar às crianças o processo de ordenha. Disponibilizávamos pôneis para aulas de montaria infantil. O fogo de chão estava sempre disponível para o mate. Fazíamos café de cambona, costume que os gaúchos traziam desde a época dos mascates. Servíamos especiarias da culinária local e até as forças armadas, que têm presença marcante em Santa Maria, estavam sempre conosco. Inclusive, posteriormente fui homenageada pelo Comando Maior das Forças Armadas no Rio de Janeiro por tudo que nossa loja fez pelo Exército de Santa Maria.

Dois dias antes da inauguração, fui devolver a chave aos que tinham arrendado o pequeno imóvel anterior. Sem mágoa, mas confesso que muito feliz pela volta por cima que estava dando.

— Eu vim agradecer, do fundo do coração, porque não fazem ideia de quanto me ajudaram. Aqui estão as chaves do pequeno galpão que aluguei de vocês. Mantive tudo que instalei, incluindo equipamentos, móveis e cada melhoria que fiz no espaço. Felizmente, nesta nova etapa, não vou precisar. Minha nova loja fica nesta mesma avenida e aqui está o convite para a inauguração. Caso possam ir, serão recebidos com muito carinho!

Vista noturna da loja-case construída pela autora

Capítulo III • O aluguel é uma pá que já enterrou e continua a enterrar grandes negócios

Dois anos depois, novamente recebi o mesmo *Prêmio Talentos Empreendedores*, que futuramente resultaria em outro *Prêmio Mulher de Negócios*. Desta vez, mediante tudo que a marca criada por mim fez pelas tradições gaúchas.

De tanto sucesso que esta marca vinha emplacando, a fronteira de Santa Maria foi ultrapassada. Viajei por praticamente todas as cidades do sul e comecei a alcançar o interesse de várias regiões brasileiras pelo *case* construído. Uma bateria intensa de palestras para empresários, líderes, empreendedores e gestores teve início. Todos queriam saber o que e como eu fiz para obter tamanho destaque e repercussão. Para os mais próximos, eu confidenciei algo que os deixava atônitos. Como você está descortinando minha vida pessoal e profissional, também merece saber:

Enquanto todas estas conquistas aconteciam, enfrentei uma separação, a perda do pai e da mãe. Enquanto acontecia a missa de sétimo dia da minha mãe, partiu uma tia querida que tanto me ajudara por ocasião da primeira gravidez. O expressivo número de 80 sessões radioterápicas e diversas cirurgias marcaram os vários tumores que enfrentei e superei. A depressão se interpôs em meus caminhos e me convidou para uma queda de braço.

Eu venci cada desafio e ainda fui destaque de gestão feminina.

Eu continuo vencendo porque tenho a chance de inspirar você a vencer.

Eu continuarei a vencer se você me disser que construiu algo através do que leu nesta obra e estamos só começando...

Capítulo IV

•

O toque mágico do talento de gestão feminina para formar uma grande equipe de vendas

@

O investimento em tantos cursos, formações acadêmicas e especializações trouxe muito retorno para minha carreira. Não obstante, uma das maiores lições sobre gestão imparcial de vendas eu aprendi, e tenho a humildade de admitir neste livro, com uma vendedora de nossa equipe.

Assumindo uma condição gestora arrogante, gestores podem quebrar um negócio centenário.

A humildade de ouvir com verdadeira atenção as ideias de todas as pessoas que fazem parte do negócio, independentemente de cargo ou remuneração, não é uma só qualidade que este ou aquele gestor deve ter. Deve ser uma condição inegociável.

Enquanto me acompanhava durante as compras para repor a vitrine, eis a grande lição que esta vendedora me ensinou, algo que jamais esqueci. Dentre tantas mercadorias que estávamos escolhendo, ela parou diante de um vestido diferente.

— Da. Lisete, compre este vestido amarelo. Que tal?

—Isso vai empacar. Quem compraria um vestido assim?

— A senhora precisa parar com esta mania de comprar pensando apenas no seu gosto refinado. A gente que tá na frente de loja sabe exatamente o que o cliente quer e várias clientes têm uma preferência mais exótica na escolha de cores e modelos.

— Você tem certeza? Não é um tom feio, mas será que vai vender?

— Da. Lisete, pode comprar. Se não vender, eu mesma vou comprar.

Comprei. Adivinhe qual foi a primeira peça vendida, depois que retornamos das compras?

Isso mesmo. O danado do vestido amarelo.

Além de saber a tendência das preferências de clientes, os melhores vendedores da sua empresa gostam de itens que eles também apreciam.

Esta profissional dominava a venda através do toque feminino. Neste capítulo, quero dividir com você os domínios da gestão com o toque feminino. E, por falar nisso, neste ou qualquer capítulo, não haverá nenhum antagonismo em relação ao sexo masculino. A proposta desta obra é engrandecer a visão corporativa da mulher e jamais diminuir a tão habilidosa visão masculina.

Capítulo IV • O toque mágico do talento de gestão feminina para formar uma grande equipe de vendas

Você provavelmente se recorda de um expediente que não é literal, mas é bem próximo do que desejo para qualquer time de vendas que eu treino:

> Se chegar um cliente, faça como eu: te atira da escada e vende!

As técnicas que o mercado oferece para treinar profissionais de negócios são ótimas e muito úteis. Eu sempre as respeitei. Por outro lado, gosto mesmo é de treiná-los sob a inspiração de meus instintos gestores.

Quem vende muito bem sabe que as técnicas podem vir de todos os lados, mas os grandes resultados nascem da visão futurista de quem comercializa.

> Vender é mais que um ato presente. Propõe um breve vislumbre sobre o futuro que o cliente e o mercado querem.

Quem conhece minhas habilidades sabe que eu só entro numa empreitada comercial se acreditar naquilo que está sendo vendido e na equipe que vende.

Desta forma, treino equipes comerciais com um estilo voltado para os sonhos que os envolvem com valores fortes. A discrição é um ótimo exemplo. Houve casos em que um vendedor escutava, por acaso e sem maldade, minha conversa com qualquer cliente, algo que tinha conotação íntima. Assim que o cliente saía, eu arrematava a ocasião, transferindo a este profissional o grande valor da decência:

— *Você ouviu, mas não ouviu!*

Nunca me cansei de repetir esta frase para os colaboradores que escutavam, mesmo sem querer, uma conversa importante, estratégica ou determinante para a conclusão de excelente negócio. Eles riam, prometiam e de fato sempre cumpriam o silêncio.

O mais importante é que a liderança tenha a habilidade de transformar a especialização técnica num exercício divertido, como eu fazia com a vendedora narrada no começo deste capítulo. Fazíamos compras juntas, ríamos e voltávamos ainda mais determinadas para o negócio. Vendedor nenhum aprende na marra, sob ameaça de demissão ou de não crescer na empresa. Por exemplo: em meus negócios, sempre que chegava um produto novo, eu dava uma semana de prazo para que a equipe de vendas estudasse seus detalhes.

— Vocês podem usar os folders, manuais ou a internet como ferramenta; pesquisar o site do fornecedor, avaliar as opiniões de consumidores em blogs ou espaços de reclamação.

Sete dias depois, era a hora do sorteio. Quem fosse contemplado, deveria vender o produto para todos. Se alguém decidisse comprar, o sorteado era aplaudido e recebia o prêmio. Caso contrário,

Capítulo IV • O toque mágico do talento de gestão feminina para formar uma grande equipe de vendas

precisaria estudar mais uma semana. Todos se divertiam e o efeito era muito positivo. Outra prática que devo compartilhar para que replique e tenha ótimos resultados em sua gestão é a criação dos murais que envolviam *feedback* e sonhos.

Sempre trabalhei com metas. Cada um tinha sua planilha que eu acompanhava diariamente. Números positivos eram reforçados e números negativos eram trabalhados até que o jogo virasse. Nisso, preciso ser franca, não estou oferecendo nenhum segredo. Todo bom líder deve cumprir esta faixa básica. O segredo vem agora:

> A análise e o acompanhamento das metas deve ser o expediente dos líderes, pois estão ligados à lógica. A análise e o acompanhamento das questões subjetivas devem ser a estratégia, afinal as pessoas só cumprem metas se estiverem atreladas aos sonhos.

Vamos ao detalhamento de como os líderes, empresários e empreendedores podem inovar neste sentido...

> Quando recebe atenção da empresa, quem já era bom passa a ser ainda melhor. Quando recebe ajuda da empresa para realizar os próprios sonhos, quem já era ainda melhor se torna brilhante e, em reciprocidade, ajuda a empresa a realizar seus sonhos.

Vamos supor que a pessoa tenha ficado com algo "entalado" durante a reunião; algo que gostaria de ter dito e não disse por receio de causar polêmica, de passar vergonha por sua "ideia absurda" e até mesmo por medo de perder o emprego. Como esta possibilidade existe, (todos os líderes, empresários e empreendedores devem considerá-la) para não expor ninguém, cada pessoa de minha equipe recebia um envelope e depositava ali sua opinião, que depois era analisada com todo respeito.

Este era o mural do feedback. Fosse positivo ou não, a equipe tinha a chance de desabafar e por isso nunca tínhamos clima ruim, expectativas frustradas ou pessoas descomprometidas.

Quando eu conto, em minhas palestras, como funciona, as pessoas se encantam. Eu tinha metas agressivas de sete dígitos.

Toda proposta deve seguir uma lógica. Na qualidade de líder, só tenho o direito de cobrar ou sugerir aquilo que eu também faço e acredito.

> As pessoas não te seguem pelo que tu dizes. Isso é pouco para o complexo sistema de compreensão do ser humano. Elas te seguem pelo que tu fazes, não de vez em quando, mas todo dia.

— Pessoal, eu tenho um sonho. Quero que a nossa loja atinja um faturamento de 7 dígitos. Estou colocando meu sonho neste mural porque

Capítulo IV • O toque mágico do talento de gestão feminina para formar uma grande equipe de vendas

acredito que possa consegui-lo ao lado desta equipe. Agora, eu quero saber qual é o sonho de cada um deste time!

Assim fizemos.

— Eu quero comprar uma moto Biz! – Disse uma destas pessoas.

— Vá até a loja, veja quanto custa, qual é a cor e a versão. Volte com a foto da moto e nós colaremos no mural.

Um dos membros da equipe enfrentava situação de endividamento. Colamos o SERASA da pessoa no mural e passamos a ajudá-la.

Um dos sonhos mais incomuns: um dos colaboradores não tinha casa. Vivia com a mãe, a irmã e dois filhos. Espremiam-se no espaço de um cômodo da pequena casa de chão batido. Sem dúvida, o casal não tinha privacidade e tampouco possibilidade de ser feliz. Ele, que era um dos mais produtivos, passou a chegar cabisbaixo para o trabalho. Eu não permitiria e acho que nenhum líder deve permitir. Funcionário chateado merece olhos, ouvidos e coração. Perguntei o que lhe afligia.

— Meu sonho é ter uma casinha. Dá pra construir no mesmo terreno, mas nunca sobra dinheiro.

— Vá até a loja, verifique tudo que vai precisar.

Ele voltou, informou o valor que seria suficiente para comprar o que precisava e construir seu humilde lar. No dia seguinte, fui até a loja e comprei tudo com o meu dinheiro.

— Você me diga como fica melhor para pagar e a cada mês, descontaremos um pouquinho de seu salário. Eis aí o material. Vá realizar o seu sonho e ser feliz!

No mural, a conquista pontual de um era comemorada por todos. Uma dívida paga. A soma reservada em caderneta de poupança de outros 15% do valor de um bem. A compra do piso que seria instalado.

Eu os levava para tomar café fora da empresa e quando alcançavam um número muito expressivo, eu mesma os servia. Com as próprias mãos, preparava bolos e outras iguarias, sempre com o amor e o carinho que toda equipe merece.

O avanço do tempo trouxe os sonhos. A moto deste foi comprada, a casa do outro construída, as dívidas daquele quitadas. Aos poucos, cada colaborador ia realizando seus anseios. Enquanto isso, também realizei o meu e a loja chegou ao patamar de destaque pelo qual tanto lutamos.

Violetas na janela ou no sucesso?

Certa vez, comprei um vaso de violetas para cada colaborador da equipe que eu liderava. Defini que após uma semana, cada um deveria trazer o seu vaso de volta, para que juntos pudéssemos avaliar nossa performance como cuidadores de um exemplar tão belo da natureza.

Uma moça teve a ideia de retirar uma "mudinha" do vaso e plantar na fonte que tínhamos na loja. As violetas brotaram e adoraram o novo lar.

Outros traziam seu vaso com novos brotos, mas é claro que alguns vasos não foram adiante.

A intenção não era culpar ninguém ou exigir que se transformassem em botânicos da noite para o dia. O objetivo real era estabelecer conexões ou comparações entre a atenção e os cuidados que dedicávamos para a plantinha e para os clientes.

Vocês pesquisaram sobre como cuidar de violetas?

Vocês pesquisaram o perfil de cliente que entra em nossa loja?

Estamos mesmo regando as flores e mantendo-as fortes?

Estamos mesmo mantendo o vínculo que traz o cliente de volta?

Será que não demos água demais e por isso a planta morreu?

Será que ao atender o cliente, não estamos falando em excesso e deixando morrer a preciosa oportunidade de ouvir?

As flores secaram por que não foram bem cuidadas ou o clima não ajudava?

Os clientes entram e saem da loja por que não foram bem atendidos ou por que o clima entre os vendedores não ajudava?

Tudo que eu conquistei na vida foi antes e muitas vezes imaginado, escrito e contemplado até que corpo e mente me colocassem em movimento para obter.

Esta é a melhor lição que posso te deixar dentre milhares de técnicas que existem. Os sentimentos *sonhar* e *cuidar* colocam as pessoas em movimento. Faça-as imaginar, escrever e olhar para os seus maiores sonhos todos os dias. Deu certo para mim. Vai dar certo para você e os seus colaboradores.

Convide-me. Irei até a sua empresa ministrar uma palestra e te contar como este toque mágico do talento de gestão feminina pode gerar resultados e reflexões.

Um toque de gestão e visão feminina amolece aquele coração bruto que resiste às mudanças e transforma sonhos em realidade;

Um toque de gestão e visão feminina inspira os líderes ao encontro de resultados grandiosos sem que percam o coração aberto para conquistar a equipe todo dia.

Daqui em diante, peço que se prepare. Vou pisar fundo e detalhar cada passo que dei para as conquistas gestoras de repercussão nacional que você também pode alcançar...

Capítulo V

•

A primeira mulher a administrar o mais tradicional clube de Santa Maria

Este capítulo é dedicado a você que está na mesma empresa há anos, não sente que está feliz e ainda assim, se recusa a mudar porque tem medo de trocar o certo pelo duvidoso ou porque "já se foi o tempo de mudanças", como dizem por aí.

Santa Maria é um dos berços brasileiros do tênis. Recebe tenistas do mundo inteiro e o clube que eu administrei tornou-se referência mundial dos torneios abertos. Vou te contar em detalhes...

Nunca fui do tipo que decide parar. De um case a outro, a agitação e o desejo por inovar sempre fizeram parte meu espírito empreendedor como uma espécie de inquietude por vencer.

O grupo de empresários fez uma proposta e fechamos a venda pelo justo valor que marcou o case de valorização da marca. Um bom investimento não deve ser pago com dinheiro do caixa, mas com algo que se cria. Esta é uma lição que preciso te deixar, como consultora e gestora, sobre o empreendedorismo bem praticado.

> O endividamento saudável é aquele que não compromete a saúde financeira do negócio ou da empresa e deve ser honrado com a criação de subprodutos, ao invés de sangrar a lucratividade tão duramente conquistada.

Com tantas viagens e compromissos de trabalho, o tempo estava ficando escasso. Sempre administrei muito bem a agenda, mas por melhor que o fizesse, sentia que era o momento de ancorar um pouco a embarcação no cais e aproveitar a vida ao lado de Ana Clara, minha netinha, que estava crescendo linda e forte. Comecei a arquitetar um plano que me proporcionasse três benefícios.

1) Curtir mais a família, mantendo os pés em terra, sem viajar a todo instante, porque sucesso não se resume a voar e acumular dinheiro no banco;
2) Destacar-me e levar o sexo feminino outra vez ao merecido pódio empreendedor, afinal ninguém disse que este é um lugar dominantemente masculino;
3) Conciliar este desejo de maior presença no seio da família com outro novo case e, ao mesmo tempo, ser feliz como mulher e profissional.

Capítulo V • A primeira mulher a administrar o mais tradicional clube de Santa Maria

O segredo não é colocar o barco ao sabor dos ventos. É escolher o momento certo de oferecer o barco aos ventos.

— Você não sai, não se diverte? – Perguntavam amigos próximos por constatarem a rotina de esforços que minha vida profissional exigia.

— É claro que saio, me divirto e adoro viajar, mas quando tenho um objetivo, dou foco e prioridade! — Costumava responder.

De Uruguaiana a Eldorado, daqui para lá e de lá para cá, com sol, frio e chuva, lá estava eu na estrada para cumprir a agenda lotada de compromissos ligados a eventos. Estava viajando demais, colhendo ótimos resultados, mas sentia no âmago o desejo de dar, naquele instante, foco idêntico para os três benefícios que comentei: curtir, destacar e conciliar.

Certo dia, com a agenda liberada para o descanso, enquanto caminhava pela cidade, encontrei uma amiga, consultora de uma das maiores empresas de recursos humanos do Brasil. Como não me via há muito tempo, foi logo perguntando meu paradeiro.

— Por onde andas, minha amiga?

— Nossa, tenho viajado tanto que você não faz ideia. Inclusive, estou planejando um novo projeto mais local, para evitar tantas viagens. Penso num projeto que de repente até demande menor remuneração, mas que me mantenha com os pés em Santa Maria. Quero curtir mais minha neta e meus filhos.

— Lisete, uma empresa muito conceituada em nossa cidade tinha vaga executiva disponível até ontem. Não daria certo porque me parece que eles queriam homem para a vaga.

— Não tem problema, minha amiga, mas se souber de algo, é só me chamar.

Conversamos um pouco mais, colocamos o papo em dia e nos despedimos. Na mesma noite, a vida me mostrou mais uma vez que quando desejamos algo ardentemente e estamos de fato dispostos a empreender os esforços necessários de obtenção, este desejo é atendido. Recebi um telefonema desta amiga.

— Lisete, sobre aquela vaga executiva que eu comentei, descobri que ainda está em aberto. Você se proporia a fazer uma prova? A empresa já decidiu e definiu que deseja um homem para a vaga, mas eu conheço você como pessoa e profissional. Gostaria que conversasse com eles. Poderia vir até aqui, hoje, às 17h? Mas, quero deixar bem claro que é uma pequena possibilidade sem compromisso!

Agradeci pela oportunidade oferecida e parti para o que seria algo semelhante a uma entrevista. A conversa com os diretores começou às 17h. Três horas depois, eu já estava oficialmente aprovada a trabalhar como superintendente administrativa do mais tradicional clube de tênis da região, frequentado pela fina flor da sociedade Santa-Mariense. Outro case nascia. Em toda a história daquele clube centenário, eu seria a primeira mulher a administrar seus recursos e interesses.

Capítulo V • A primeira mulher a administrar o mais tradicional clube de Santa Maria

Coincidentemente, este clube fora fundado por uma mulher em 1917, mas seguiu seu curso administrado por homens. Portanto, é claro que seria fantasioso dizer que foi tudo fácil desde o início. Quando a notícia repercutiu, não foram poucas as ocasiões em que alguém jogava ao vento a seguinte pergunta:

— *Bah, mas o clube colocou uma mulher à frente de nossa administração?*

O primeiro passo, é claro, foi o diagnóstico, onde identifiquei um gargalo: finanças que careciam de um outro olhar. Não existia um formato padronizado e funcional de cobrança das mensalidades. Constatei atrasos. Como era frequentado por pessoas que não teriam nenhuma dificuldade financeira para pagar as mensalidades, evidentemente, não deixavam de pagar por incapacidade financeira e sim por desorganização. Com tantos compromissos, os sócios se esqueciam de pagar a mensalidade e ninguém os cobrava.

O clube precisava passar, com urgência, por mudanças. Experiente como gestora, eu já previa que interesses seriam questionados, algumas pessoas se sentiriam ofendidas, outras seriam rudes e haveria, com toda certeza, o pequeno grupo machista que existe em todos os lugares e viriam com as suas frases prontas quem nem me abalavam mais.

— *Tinha que ser mulher!*

— *Sabia que ia dar nisso; quem mandou colocarem uma mulher à frente?*

— *Ela deveria cuidar do fogão e deixar a gente em paz!*

Onde quer que eu esteja, trace o projeto que for, transformação, comportamento e atitude são lemas de vida que sustentam minhas construções. Todos os que empreendem ou sonham empreender deveriam aprender a utilizar esta tríade em total constância porque sem ela, a melhor e mais aprofundada ideia será erguida sobre um castelo de areia.

Há pouco tempo, anos depois deste *case-experiência*, eu conversava com um velho amigo deste clube, naquela época o presidente que me recebeu como administradora e o parabenizava pelas conquistas que ele vinha obtendo por lá.

— Lisete, quanta coisa aprendemos juntos naquele clube!

Ele estava certo. Trocamos muito conhecimento. Era um homem de comportamento moderado, sempre muito calmo. Viajava muito, mas sempre passava pelo clube para despachar comigo e com os seus vice-presidentes. Naquela época, recordo-me da primeira ação como superintendente administrativa do clube. Eu disse algo que o fez parar e me encarar com seriedade. Seu olhar sugeria que eu acabara de apertar o botão detonador de uma bomba. E era, de fato, uma ação impactante, mas muito necessária.

— Presidente, restringiremos o acesso às catracas do clube para organizar as finanças. Vamos fazer um plantão de cobranças!

Capítulo V • A primeira mulher a administrar o mais tradicional clube de Santa Maria

Levou alguns segundos para que respondesse, como se estivesse mentalmente a imaginar outra solução, ou tentava digerir aquela indigesta informação.

— Lisete, você tem certeza disso e tem noção das consequências?

— Tenho certeza!

— Pelo amor de Deus; isso vai dar muita confusão. Temos sócios antigos e conservadores...

— Ok, então deixe que eu segure as consequências desta decisão. Vá para casa e relaxe. Podemos combinar e você nem passa por aqui durante a sexta-feira, o sábado e o domingo do plantão. Se os sócios se irritarem, cobrarão uma resposta ou satisfação de mim. Que tal?

Ele concordou. Eu sugeri assim para não expor sua imagem diante de uma decisão tão polêmica. Despachei com ele e chamei o pessoal da secretaria.

— Nós vamos fazer um plantão de cobrança para colocar a vida financeira do clube em dia e zerar os atrasos no pagamento de mensalidades. Eu estarei ao lado da equipe para esclarecer aos sócios os motivos do plantão e administrar qualquer queixa deles diante desta ação!

Eles ficaram chocados com a decisão, mas acataram e lá fomos nós para as catracas. Ao cair da tarde do primeiro dia de plantão, ausentei-me um instante para ir ao banheiro. Assim que saí, um sócio antigo do clube segurou meu braço com força. Seu olhar transmitia raiva e indignação.

— Escute aqui: o que você pensa que tá fazendo aqui?

— E o que o senhor pensa estar fazendo ao segurar meu braço e me abordar deste jeito? – Devolvi do jeito que veio.

— Isso é um absurdo. Onde já se viu fechar as catracas?

— O senhor paga o clube em dia?

— É claro que pago. Que insulto. Como ousa...

Antes que ele continuasse, o interrompi:

— Então, se o senhor é pontual com o pagamento, deveria estar chateado com quem o frequenta e atrasa a mensalidade, mas não comigo!

Ele pareceu ficar ainda mais inflamado. Encheu o peito de ar, bufou e ficou vermelho. Naquele instante, até me preparei para receber um soco. Ele não fez isso, mas ameaçou com todas as letras:

— Se até o final deste dia as catracas não estiverem liberadas, eu mesmo vou até lá e libero o acesso!

Coloquei o dedo indicador no rosto dele e respondi com o mesmo tom.

— O senhor experimente fazer isso. Experimente...

Ele parecia ainda mais zangado. Fiz um desafio de administradora para sócio, de mulher com palavra para um homem digno.

— O senhor vai me dar uma semana. Na próxima sexta-feira, vou lhe procurar e dizer qual foi o resultado desta nossa ação. Vamos ver se ficará triste ou satisfeito com a minha gestão...

Capítulo V • A primeira mulher a administrar o mais tradicional clube de Santa Maria

O final de semana foi um sucesso. Enchemos os cofres do clube. Saímos do tenebroso e descontrolado vermelho para o merecido e bem administrado azul que todo bom negócio deve ter, sob a pena de quebrar. Uma semana depois, fui procurar aquele sócio que me interpelara e quase me agredira.

— Como prometi, vim até aqui prestar contas do que fiz como administradora do clube. O senhor tem uns minutinhos de atenção para me dar?

O sócio do clube sentou-se e olhou bem fundo nos meus olhos. Apresentei um relatório com os números. Provei matematicamente que conseguimos deixar o clube mais uma vez saudável e próspero. Com esta e outras ações, aumentamos em 400% o faturamento.

Ele se desculpou pelo comportamento, eu dei por esquecido o assunto e disse que compreendia o seu gesto polido de não constranger os sócios. Porém, embora fosse uma ação delicada, era imprescindível. Ele também entendeu e aprovou minha conduta. Ali firmou-se uma grande amizade.

Um ano depois de minha chegada ao clube, o palco com mais de mil pessoas sentadas me aguardava.

Com a presença do *Ministro do Esporte*, diante do presidente da *Confederação Brasileira de Clubes* e de várias autoridades, apresentei este case. Estava concorrendo ao prêmio nacional de melhor gestor(a) de clubes do Brasil. Em formato de painel, fui sabatinada sobre cada detalhe do que fiz e como fiz para alcançar resultados transformadores e compartilhei com eles cada detalhe que escrevi neste livro. Ficamos entre os seis primeiros. Depois, entre os três. Até que veio a grande notícia. No jantar de premiação, desbancamos os maiores clubes do Brasil e levamos o prêmio para a sede de troféus do nosso clube.

Um ano depois, ainda à frente da superintendência administrativa deste clube, comentei com o presidente que deveríamos nos inscrever mais uma vez ao prêmio.

— Lisete, na história desta premiação, nunca um clube foi laureado por dois anos consecutivos.

— Por que nunca ganharam? Será que tinham mesmo projetos fortes para concorrer em dois exercícios? Nós temos. Então será a primeira vez!

— Lisete, você pode até apresentar e inscrever nosso clube, mas nem sonhe com a vitória, para não se frustrar depois...

Quando o presidente disse isso, a lembrança do que a minha mãe tantas vezes repetiu, durante a infância, voltou como um golpe no rosto:

Filha, tu ainda vais sofrer muito nesta vida porque és sonhadora demais!

Mantive-me firme.

— Deixe-me sonhar, presidente. Nós vamos ganhar!

Tínhamos aprovado projetos em âmbito federal. Estávamos mudando a vida de jovens carentes com tênis, judô e outras modalidades. Merecía-

Capítulo V • A primeira mulher a administrar o mais tradicional clube de Santa Maria

mos no mínimo concorrer mais uma vez ao prêmio de melhor gestão de clubes. Submeti nossas recentes conquistas à comissão avaliadora.

Quanto mais me dizem que eu não posso ou não consigo, maior é a força que se impõe dentro de mim. Fui buscar. Conquistei o prêmio pelo segundo ano consecutivo. Quebramos a hegemonia e o protocolo da premiação. Um enlouquecido batalhão da imprensa nos cercou. No palco, o presidente subiu comigo, todo orgulhoso, para receber a premiação.

Desta história, o que fica como lição é a importância que os gestores de todos os segmentos devem dar para o instintivo posicionamento que escolhem.

Ao adotar a ação que pode salvar ou tornar mais sólido o negócio ou empreendimento, quem estiver à frente da decisão deve manter-se firme e não pode render-se ao aborrecimento e desaprovação desta ou daquela pessoa.

O mercado classifica grandes líderes sob diversos critérios. A porção certa de determinação e ousadia se refletirá diretamente nas melhores oportunidades de carreira que você vai conseguir. Compare este equilíbrio:

Não podemos ser rígidos a ponto de tomar uma decisão e mantê-la por teimosia, mesmo que todos provem estar errada.

Não podemos ser flexíveis a ponto de tomar uma decisão e desistir dela somente porque uma pessoa experiente alegou que é arriscada ou equivocada.

Você terá reconhecimento pela reputação que constrói no mercado.

Além do "tratamento de choque" para recuperar a saúde dos cofres que eu administrava, parti para a profissionalização do negócio. Boa parte dos maiores clubes privados do Brasil não têm um programa de excelência administrativo-comercial como o programa que desenvolvi neste e outros clubes por onde passei. Eis alguns exemplos:

— *Organograma;*
— *Plano de competências;*
— *Seleção criteriosa para o preenchimento de cada cargo;*
— *Plano de cargos e salários;*
— *Reuniões semanais com coordenadores;*
— *Reuniões mensais com toda a equipe;*
— *Presença do presidente nas reuniões (mudança da cultura separatista para a intimista);*
— *Participação dos colaboradores da base nos processos e decisões executivas do clube;*
— *Criação de rigoroso orçamento para cada pasta dos vice-presidentes do clube.*

Construímos muito mais. Não vou narrar tudo que fizemos por lá para não tirar o foco desta obra, mas estes são os principais exemplos que permearam a implantação de processos. Por excelência, são funcionais e adaptáveis aos clubes, empresas e organizações de qualquer segmento.

Capítulo V • A primeira mulher a administrar o mais tradicional clube de Santa Maria

Mesmo que encontre resistência para inserir as mudanças, mantenha-se firme. Aquele que foi ríspido por conta do plantão nas catracas, e depois se tornou amigo, não foi o único a duvidar de minha capacidade gestora. Outro membro importante do clube, certa vez, me disse o seguinte:

— Você vai implantar um programa de controle financeiro aqui? Eu duvido. Sempre fiz do meu jeito porque este clube não está amadurecido para um programa destes. Se você conseguir implantar com sucesso, eu faço um busto seu e coloco à frente da recepção.

Até hoje, quando encontro este outro amigo, ele reconhece que está me devendo um busto. Outros membros duvidavam que eu implantaria no clube projetos de inclusão social com subsídio do governo através da lei de incentivo ao esporte.

— Já tentamos isso no passado. Não dá certo. Nunca foi aprovado um projeto da lei federal!

Era assim que todos diziam. Após algum tempo que foi marcado por dificuldades, lágrimas e muito suor, eu consegui. Tínhamos no clube um programa efetivo de participação dos jovens de baixa renda com potencial para futuros medalhistas.

Entre um case e outro, minha atitude administradora mudou completamente a vida daquele clube, expandiu a visão gestora dos membros diretores e trouxe satisfação para todos os associados. Da mesma forma, a atitude que você adota pode mudar sua empresa.

Para finalizar este capítulo que narra um *case* composto por *recuperação financeira e sucesso no modelo de negócio*, apresento três conjunturas que acompanham minha carreira executiva e provavelmente te conduzirão à posição corporativa que deseja conquistar.

As pessoas não devem temer sua gestão, mas devem respeitá-la.

As pessoas têm o direito de temer as consequências de sua gestão, mas não podem perder a fé que depositam em sua capacidade.

As pessoas admiram, obedecem e sentem-se inspiradas por líderes que ousam e conquistam. Porém, afastam-se dos líderes que <u>recuam com facilidade</u> ou <u>jamais se permitem recuar</u>.

Capítulo VI

•

A menininha sonhadora do interior de Venâncio Aires chega à presidência de um clube de futebol

@

Certo dia, um grande amigo perguntou se eu gostaria de ser vice-presidente na chapa concorrente à presidência de um clube de futebol. Agora que você já conhece parte de minha história, tenho certeza que imagina qual foi a minha resposta.

— Eu me separei porque nunca quis ser vice-esposa. Pouco me interessa ser vice-presidente ou vice de qualquer coisa. Assumo uma gestão com total liberdade para agir e decidir ou não há motivos para assumir.

A reação dele foi a seguinte:

— Então vai dar tudo certo, porque nós queremos mesmo é que você seja a presidente!

A resposta que dei para o amigo pode até parecer inusitada, mas vou mostrar a você que o alcance de um cargo executivo de confiança não é algo **fácil**. De outra forma, também não é ***impossível***.

A vida parece ser muito caprichosa quando nos coloca frente a frente com uma missão grandiosa, mas sempre temos força para dar conta de tudo.

Eu não caí de paraquedas. Chamei o meu projeto de *Marco Zero* porque era exatamente isso. Começaríamos do zero. Visitei cartórios, levantei informações acerca do que existia de títulos protestados e fui à justiça trabalhista pesquisar a real dívida passiva.

Responsabilizei-me, quando cheguei, por 45 sócios e o entreguei, um ano depois, com um número de associados 10 vezes maior. Antes de assumir um clube de futebol, preparei-me do ponto de vista acadêmico, trouxe a experiência de 4 anos à frente da gestão de um clube premiado por várias ações que inseri, a própria experiência como empresária lojista criadora de uma das marcas mais valorizadas da indumentária gaúcha e já somava a tudo isso consultoria de gestão prestada a diversos clubes de futebol ou clubes sociais, especialmente na região sul.

Vamos aos detalhes: um belo dia, o dirigente de um dos concorrentes do Riograndense fez contato comigo.

— Eu soube que você tem feito trabalhos muito destacados em clubes. Nós queremos desenvolver um projeto para este ano e pensamos em você. Para começar, pode ministrar uma palestra sobre gestão de clubes para o nosso conselho deliberativo?

Fechamos e fui apresentar meu *know-how*. Assim que concluí a palestra, a diretoria deste clube

Capítulo VI • A menininha sonhadora do interior de Venâncio Aires chega à presidência de um clube de futebol

me pediu um diagnóstico. Fotografei tudo, identifiquei os pontos problemáticos e apresentei um esboço de soluções. Foi tudo aprovado e fechamos negócio. Eu seria a gestora daquele clube. No dia marcado para assinar o contrato, estávamos almoçando no restaurante e o presidente do conselho deliberativo foi franco.

— Lisete, nós temos um problema.

— Quando você criou sua marca e transformou a sua loja no maior ponto de encontro das tradições gaúchas, um dos nossos mantenedores era seu concorrente e teve prejuízo. Assim que ele ficou sabendo que você seria nossa gestora, bateu o pé e disse que não aceitaria.

— Nossa, mas isso já faz mais de 10 anos. Concorrência é assim mesmo. Quem inova ganha e quem fica parado perde.

— Pois é, Lisete. Até concordo contigo, mas a nossa diretoria precisa levar isso em conta porque este mantenedor coloca dinheiro no clube há muitos anos.

— Ok, a decisão é de vocês. – Respondi, confesso, com certa indignação.

Comecei o capítulo dizendo que a vida é caprichosa e vou explicar o motivo.

No mesmo dia, precisamente naquele restaurante, o dirigente do Riograndense almoçava na mesa ao lado. Quando fui pagar minha conta, ele gentilmente me abordou no caixa e perguntou:

— Lisete, por acaso você teria disponibilidade para ministrar uma palestra sobre gestão de clubes na noite de hoje? Toda nossa diretoria estará reunida.

Aceitei. Quando terminei a apresentação, as palavras dele foram diretas.

— Está contratada!

— Como assim? Não posso aceitar. Estou em negociação com o time rival de vocês e não seria ético. Uma coisa é ministrar uma palestra para o Riogransende, outra é aceitar algo desta grandeza. Preciso antes conversar com eles.

Os dias se passaram e o concorrente não dava nenhuma resposta. Eu não deixaria passar uma oportunidade desta magnitude diante dos olhos e sentidos sem fazer nada. Procurei o conselheiro do outro clube e usei de total sinceridade.

— Olha, devo tomar uma decisão. Entendi que vocês estão numa saia justa, mas não posso esperar. Tenho outra proposta e preciso dar resposta ao interessado.

Ele aceitou e concordou que era correto.

O que você supõe que uma mulher, eleita presidente de um clube de futebol, vá encontrar neste cultural ambiente de decisões predominantemente masculinas?

A sua imaginação, quem sabe, não tenha encontrado sugestões. Deixe-me ajudá-lo a refletir, com base em tudo que vi e vivi. Dois problemas são inevitáveis:

{ **Resistência aos novos profissionais da gestão do futebol** – motivo pelo qual a maior parte dos dirigentes de clubes não se sentaram numa cadeira de faculdade ou

Capítulo VI • A menininha sonhadora do interior de Venâncio Aires chega à presidência de um clube de futebol

pós-graduação para aprender a gestão dos tempos modernos;

{ **Obstáculos criados pelos próprios clubes** – quase sempre enraizados desde a fundação e mantidos pelo conservadorismo diretivo, como uma doença, atacam os órgãos vitais do clube: administração, finanças e *marketing*.

Ganhei muitos presentes nesta vida. Quando conheci meu coach, Bob Floriano, pude conciliar toda a experiência adquirida com as possibilidades de novos empreendimentos. Suas perguntas e observações me deixavam ainda mais preparada para as conquistas corporativas.

O tempo no Riograndense foi como uma faculdade. Naquele ano, estive à frente do time como presidente. Foi uma faculdade porque posso dizer que vivenciei quatro anos em um, dada a intensidade da experiência.

Neste tempo, se não estivesse na rua, em defesa dos interesses do clube, era muito fácil me encontrar.

Eu entrava no clube pouco depois que o sol nascia e dificilmente o deixava antes de 23h. Em todo empreendimento, nunca consegui entrar pela metade. Se fosse necessário dormir lá, eu não pensaria duas vezes. Nunca reclamei por ficar até mais tarde no trabalho. Ficava por prazer, pela adrenalina de dar sangue e suor para buscar resultados.

Mais uma vez repetindo as atitudes que conservava desde a infância, antes de conquistar mais este case que será narrado em detalhes, eu também buscava o resultado mentalmente. Fechava os olhos e imaginava cada passo sendo alcançado. O resultado era exatamente proporcional. Quanto mais eu imaginava, mais me movimentava. Quanto mais me movimentava, melhores e maiores eram as conquistas que alcançava como principal executiva do clube.

O desafio era um dos maiores, senão o maior que já enfrentara na vida profissional. Ao chegar no clube, eles não tinham nenhum patrocinador na camisa e sequer placas de propaganda vendidas. Não existia secretaria. Tudo muito precário. Havia um ponto positivo, para não ser injusta; o diagnóstico me permitiu aferir que era um clube menos endividado que o outro interessado em me contratar.

Num primeiro momento, fui incumbida de captar recursos. No negócio do futebol e talvez também no segmento em que você atua, embora talvez nem saiba, movimentar-se bem requer a participação de parceiros que tragam retorno de alguma natureza e patrocinadores que tragam recursos financeiros. Quando cheguei ao Riograndense, esta foi uma das mais urgentes preocupações. Decidi que teria o patrocínio de uma das maiores e mais sólidas instituições financeiras do Brasil. Embora este patrocínio tenha sido registrado pela história do clube e a informação seja de domínio público-midiático, optarei por

Capítulo VI • A menininha sonhadora do interior de Venâncio Aires chega à presidência de um clube de futebol

não mencionar o nome da instituição ou daqueles que fizeram parte das negociações, porque o que importa para a sua vida e os seus negócios é o case que pode servir de inspiração.

O Riograndense teve sua origem nos ferroviários e o pai do maior acionista deste grande banco fora ferroviário. Havia uma conexão.

> É responsabilidade da gestão enxergar oportunidades onde ninguém mais consiga vislumbrar.

Depois de perguntar para quase toda a minha rede de contatos, acabei descobrindo alguém que tinha o número do telefone celular. Liguei imediatamente.

— Olá, Sr. X. Bom dia!

— Bom dia!

— Sr. X., quem fala é Lisete Frohlich, presidente do Riograndense de Santa Maria. Consegui seu número com um amigo e tomei a liberdade de telefonar. Eu sei que o seu pai foi ferroviário. Então, imaginei que os negócios por nós administrados poderiam se encontrar, já que sou presidente de um clube fundado por ferroviários e você preside uma instituição fundada por outro ferroviário.

— Eu tenho ouvido falar sobre o seu trabalho como presidente do Riograndense. Sabe, antes de você assumir, visitei o clube. Fiquei chateado com o que vi. Senti que o clube estava "largado".

Esta conversa durou mais de duas horas, até que ele precisou interromper.

— Lisete, a segunda linha está tocando. É o telefonema de Portugal que eu estava aguardando para concluir uma grande negociação. Você se importa se eu te ligar depois de 14h?

— Claro que não me importo. Sou grata pelo seu tempo!

Depois que desligamos, eu me vi a pensar que nenhum membro do clube acreditaria quando eu dissesse, mas o Sr. X. estava inclinado a ser parceiro.

Às 14h15m daquele dia, meu sangue congelou quando escutei o toque do celular, olhei no visor e identifiquei o número dele.

— Oi, Lisete. Tudo bem? Desculpe-me por ter interrompido nossa conversa tão agradável!

— Olá, Sr. X. Não há nenhum problema.

— Não precisa me chamar de senhor. Vou fazer uma pergunta: tu tens em campo uma placa apoiadora de nossa instituição financeira?

— X., vou ser muito sincera. Quando eu cheguei ao clube, havia lá uma placa de seu banco amarelada e condenada pelo tempo. Eu a tirei porque me recusava a expor sua marca daquela forma.

— Lisete, quanto custa uma placa nova?

— Algo próximo de 5 mil reais, X.

— Então você por favor me envie um e-mail. Vou encaminhá-lo ao setor responsável e liberar 10 mil para que você adquira duas placas novas.

Depois disso, negociamos também patrocínio para o site do clube. Quando contei a novidade, não foram poucos que ficaram perplexos.

Capítulo VI • A menininha sonhadora do interior de Venâncio Aires chega à presidência de um clube de futebol

— Você ligou diretamente para o Sr. X. e ele te atendeu?

— Não apenas atendeu. Nós conversamos, no total, por aproximadamente três horas.

O que deixava as pessoas perplexas era natural para mim. Tempos depois, o filho de Sr. X. comprou um time de futebol e fui convidada a conhecer o projeto. Por aqueles dias, a emissora de televisão da própria instituição financeira foi informada de que eu seria uma das palestrantes no *Museu do Futebol*, com o tema *gestão esportiva*. Quando a área de *relações com a imprensa* perguntou ao Sr. X. quem ele gostaria que fosse entrevistado em uma matéria exclusiva, fui uma das escolhidas dentre tantas personalidades do esporte disponíveis dentro e fora do país.

Este foi apenas *um* exemplo de captação de recursos. Para que se tenha uma noção da expressividade deste *case*, vou oferecer um *número*, afinal a matemática é reta. Em um ano, angariei quase meio milhão de reais com a venda de anúncios estampados na camiseta dos atletas.

O mercado acredita que bons negócios são fechados desde que você tenha amizade ou relacionamento com a outra parte e sob alguns aspectos, faz sentido. Por outro lado, com o exemplo da instituição financeira, eu mostrei a você que é possível obter parcerias mesmo sem um grande contato x contrato. Eu nunca tinha conversado com o patrocinador e consegui fechar negócio. Aqui está a tripla relação de predicados que você deve ter como gestor(a) para concluir grandes contratos de parceria ou venda:

- **Argumentação** – qualquer tipo de pleito deve ser antes muito estudado para que se tenha 100% de certeza acerca dos ganhos mútuos. Quem domina esta certeza adquire um potencial argumentativo muito acima da média e, convenhamos, persuadir pessoas (note que não usei e jamais usaria a expressão manipular) a comprarem sua ideia é muito mais fácil quando você crê nela com toda força do coração e da razão;
- **Credibilidade** – embora muitos pensem assim, esta qualidade não deve estar associada somente à conclusão do trabalho. Entregar o que se promete é <u>obrigação</u>. O <u>real sentimento de crédito</u> ocorre quando se crê em algo prometido. Portanto, a outra parte estava invariavelmente convicta de que teria aquilo que eu prometia, antes mesmo de obter;
- **Estruturação da ideia** – quem concede dinheiro ou atenção para o que você tem a oferecer merece ter a confiança de que tudo foi pensado e todos os riscos foram calculados. É constante o número de pessoas que batem à porta dos empresários com ideias de execução duvidosa.

> Empresários, por mais audaciosos e arrojados que sejam, gostam de investir em idealistas, mas se orientam pelo vislumbre de lógica e fundamento das ideias.

Capítulo VI • A menininha sonhadora do interior de Venâncio Aires chega à presidência de um clube de futebol

Por exemplo: vamos imaginar que você teve uma ideia para captar água da chuva através de um sistema hidráulico que armazena gota a gota e depois faz a sucção tubular para o armazenamento maior. Falando assim, dá até vontade de que seja verdade porque o mundo todo precisa de água. Porém, se você não conseguir desenhar todo o funcionamento da ideia, colher aprovação e laudo de engenheiros renomados, patentear a ideia, mencionar o valor real de investimento, provar a viabilidade através de estudos técnicos e descobrir uma maneira de reduzir os riscos de insucesso, esta será uma boa ideia teórica e empresário não se presta a investimentos especulativos de duvidável retorno. Preenchendo todas estas lacunas, você terá dinheiro para tocar este projeto. Se não conseguir, o projeto vai "morrer na praia".

Vou ilustrar o que jamais deve ser feito, em matéria de persuasão, nem por clubes e tampouco por quaisquer projetos que requeiram captação de recursos.

— *João, como empresário e apaixonado que você é pelo clube, pode nos dar 2 mil reais?*

— *Para o quê?* — Perguntará, obviamente em *seu direito de questionar, o torcedor.*

— *Para ajudar o clube.*

Isso é vago, nada transparente, incerto e totalmente passível de desconfiança. Do mesmo jeito que ninguém gosta de dar esmola aos pedintes fortes e saudáveis para o trabalho, ninguém fica feliz por colaborar com quem pede algo sem nada oferecer. A lei da reciprocidade existe e deve ser parte de todas as fases que envolvam o empreendimento, inclusive a fase de captação.

Quando cheguei ao clube, percebi que os apaixonados evitavam ir até lá para visitar seu time do coração porque todas as vezes que iam, eram abordados com algum pedido de ajuda financeira. Foi necessário transformar a reputação do clube de pedinte a parceiro. Dei um jeito de conseguir. Na reestruturação do formato de captar, sempre ofereci em meus projetos o *feedback* comprovador da recíproca.

Ao término de cada ano, em todos os clubes nos quais colocara as minhas mãos gestoras, um DVD era produzido para mostrar a quem colaborou onde, sob quais as circunstâncias e quantas vezes a marca dele aparecera durante a transmissão televisiva dos jogos.

É a credibilidade comprovada com fatos e imagens, algo que todo gestor deve ter, seja qual for o segmento.

No DVD, eu mostrava quantas vezes os telejornais fizeram matérias críveis que envolveram a marca.

É a credibilidade documentada pelo interesse midiático.

No DVD, eu destacava quantas vezes a marca apareceu na camiseta dos atletas.

É a credibilidade contabilizada pelo marketing.

Capítulo VI • A MENININHA SONHADORA DO INTERIOR DE VENÂNCIO AIRES CHEGA À PRESIDÊNCIA DE UM CLUBE DE FUTEBOL

No DVD, apresentava "quanto" estes anúncios custariam ao investidor, caso não tivesse firmado contrato com nosso clube.

É a credibilidade demonstrada pelo retorno e viabilidade financeira.

Em resumo, os parceiros recebiam de nosso clube um relatório completo, minuciosamente descrito e comprobatório de que valeu muito ter confiado seu dinheiro e sua marca ao nosso clube. Isso sim é captação de recursos aos olhos da gestão moderna.

Nunca abordei parceiros para "pedir" nada. Se você é ou gostaria de ser gestor(a), eis o caminho. Precisamos abandonar as frases que já vi sair da boca de muito gestor:

— Não tenho vergonha de pedir.

Deveria ter porque gestor de verdade não pede, negocia em justo interesse.

— A gente deve ser "carudo"!

Deve sim, mas uma coisa é "colocar a cara a bater por algo que você acredita" e outra é "colocar a cara a bater aconteça o que acontecer".

— Por aqui a gente sempre pediu e os apaixonados jamais se recusaram a contribuir.

E o que impede o clube, a empresa ou a ONG de mudar? Os mantenedores que sempre contribuíram, ora ou outra vão concluir que "sempre" é tempo demais e se não enxergarem um motivo, com toda razão, vão costurar os bolsos. É melhor inovar agora ou esperar que isso aconteça?

Eu oferecia e-banner permanente no site, placas com a marca, cadeiras no pavilhão, ações durante o jogo que envolviam a marca e mais uma série de benefícios. Transfiro para você refletir:

O que a sua empresa ou o seu negócio de fato oferece como benefício é justo frente ao que você recebe? A definição do valor de um produto ou serviço deve passar por esta resposta.

Olhos firmes na concorrência

Muita tarefa operacional pode ser delegada, mas os olhos de gestores sensíveis à movimentação do mercado não podem se fechar nunca. Quem assume a gestão dorme (ou deveria) dormir com um olho aberto e outro fechado porque em algum instante a concorrência vai falhar e o tempo de resposta não pode ser perdido.

Eu já colecionava premiações. As mais recentes deste período como *Melhor Dirigente de Clubes e Personagem do Esporte*. Todos sabemos que o reconhecimento não cai no colo do gestor e eu estava 100% focada no desenvolvimento de nosso clube e na falha dos concorrentes.

Um respeitável empresário de Santa Maria era patrocinador do concorrente. Ele nunca patrocinara nosso Riograndense porque era apaixona-

Capítulo VI • A menininha sonhadora do interior de Venâncio Aires chega à presidência de um clube de futebol

do por outra agremiação. Sua esposa, entretanto, era torcedora apaixonada por nosso time. Um dia, vi a nova camisa do clube rival. A marca deste empresário, até ali destaque na propaganda, fora substituída pela marca concorrente. Meu instinto gestor se aflorou na hora. Pensei:

A gestão do concorrente decidiu tirar a marca deste empresário sem ao menos informá-lo. Se o tivessem contatado, duvido que deixaria a marca do concorrente brilhar no peito da camisa que os atletas vestiam.

Fui até a loja dele para fechar um negócio pessoal e comprar um produto do qual estava precisando. Lá, o encontrei. Como sempre, ele foi amigável e gentil. Dialogamos sobre assuntos gerais e me convidou para um café. Comentei o que fora fazer em sua loja.

— Vim comprar um produto de vocês.

— Que legal. Eu sempre gostei muito de você, Lisete. É uma mulher séria e grande profissional do esporte. Olha, vou te contar, fiquei chateado com o que teu time rival fez. Acredita que tiraram minha marca para colocar a do concorrente e nem me disseram nada?

Meu instinto estava certo. – Pensei.

— Poxa, o que eu poderia te dizer? Eu não falo de meus concorrentes porque é antiético. Mas, é claro que no Riograndense, a sua marca seria a primeira, de maior destaque na camisa.

— Claro que sim. Você é uma mulher de palavra. Acredito que faria isso por minha empresa. E de quanto seu clube precisa para destacar a marca?

— Você terá o relatório anual da viabilidade deste investimento e perceberá que os próprios números de venda refletirão o retorno de apenas ...mil reais que investirá agora.

A resposta dele foi simples e direta.

— Pode fazer o contrato, filha!

Conversamos muito mais e saí de lá com o acordo de patrocínio fechado. Feliz, liguei para o patrono do clube.

— Não, Lisete. Tu estás enganada. Este empresário nunca nos daria...mil reais.

— Não é uma possibilidade. Está fechado!

— Ainda assim, acredito muito em você, mas não faz sentido algum.

— Ok, então vamos fazer assim: combinei com ele que amanhã vou voltar com o contrato para assinar e já receberemos o montante. Você e o tesoureiro irão comigo, juntamente com a imprensa que vai documentar a assinatura deste contrato.

Nosso patrono aceitou participar da reunião conclusiva do acordo e foi com alguma desconfiança, incrédulo que estava de como aquilo poderia ser real.

Quando nos sentamos, o empresário disse a todos que estavam ali:

— Eu gosto muito da Lisete. Aliás, precisamos fazer uma menção honrosa na Câmara de Vereadores de Santa Maria. Ela merece por tudo que já fez com a sua loja, a sua marca e o que tem feito na gestão de clubes.

Capítulo VI • A menininha sonhadora do interior de Venâncio Aires chega à presidência de um clube de futebol

Senti-me muito grata pela possibilidade. Minha mãe, que fizera parte da Câmara de Vereadores de Venâncio Aires e tantas vezes fora homenageada por aquela casa política, com certeza ficaria orgulhosa.

Voltando à reunião, o empresário deixou todos com ar de espanto.

— Filha, sobre o patrocínio, você quer levar em cheque ou dinheiro?

— Se o senhor puder nos ceder em dinheiro, até facilita porque estamos em início de temporada e vamos precisar.

O empresário abriu o cofre, colocou o dinheiro num envelope e me entregou o patrocínio. A rádio entrou ao vivo para anunciar o acordo e deixamos a sala com o contrato assinado.

Eu relatei neste livro que nunca fechei nenhuma parceria à base de "pedido". Tempos depois, chegava o momento de colocar em prática a Lei da Reciprocidade.

Quando a nova camiseta do clube ficou pronta, organizei um desfile na loja deste empresário. Levei comigo os atletas, cada um vestido com a nova camisa, belas modelos portando a versão feminina, a diretoria jovem do clube (pasta que não existia e eu criei para dar voz à modernidade de ideias) e praticamente toda a imprensa esportiva.

A cobertura ao vivo ganhou destaque em velocidade relâmpago. O maior jornal do Rio Grande do Sul publicou a caricatura de minha imagem com a camiseta do Riograndense.

@PRASERFELIZ • LISETE FROHLICH

No tradicional e maior programa esportivo de Porto Alegre, comumente frequentado por homens que discutiam futebol, fui convidada a participar.

— Lisete, neste momento você é a única mulher presidente de clube de futebol no Brasil. Normalmente, nossos convidados participam de um bloco do programa. No seu caso, gostaríamos que ficasse durante o programa inteiro. Você topa?

Aceitei e fui participar ao vivo, ao lado de outros técnicos. Antes de ir até o estúdio, eu já tinha pensado em algo estratégico:

É hora de colocar meus patrocinadores e apoiadores em evidência.

Entra bloco e sai bloco, discutimos o bom futebol e o clima até esquentou. No penúltimo bloco, o apresentador anunciou em público que tinha um presente a me dar.

— Eu também trouxe presentes para vocês!

Capítulo VI • A mamininha sonhadora do interior de Venâncio Aires chega à presidência de um clube de futebol

Ele entregou o mimo, um lindíssimo terno feminino presenteado pelo patrocinador do programa e anunciou que no próximo bloco, após os comerciais, veríamos quais presentes a presidente do Riograndense ofereceria.

Quando voltamos ao vivo, presenteei o apresentador com as camisetas número 1 e 2 que traziam todos os patrocinadores.

O apresentador colocou as camisetas à frente da câmera principal. Adivinhe qual marca apareceu em total destaque? Isso mesmo. A marca daquele empresário que contribuía com o concorrente e passara a ser nosso parceiro.

O apresentador comentou sobre os produtos. A camiseta:

— *Olha a beleza destas camisetas!*

O chaveiro:

— *Câmera, dê um zoom nesta peça. Confiram a qualidade do brinde que ela fez. Isso que é marketing!*

A caneca com minha caricatura, o produto mais vendido e procurado em nossa loja virtual, foi um presente especial que levei para o debatedor da matéria e o caricaturista do jornal. Quem estava assistindo começou a tirar foto das camisetas, chaveiros e canecas. Postavam nas redes sociais. Foi uma loucura.

No dia seguinte, voltei a Santa Maria. O empresário que passou a ser nosso parceiro telefonou e me pediu que fosse até a empresa dele. Quando cheguei lá, ele me recebeu emocionado e entre lágrimas, desabafou.

— Ninguém, minha filha, ninguém fez isso por mim. A partir de hoje, eu não quero que falte nada em sua gestão. O que precisar, a qualquer hora, basta me ligar.

Ele dobrou o investimento que fazia como parceiro do clube.

Às vezes, empresários me perguntam como é possível aumentar a margem líquida ou o faturamento bruto. Aí reside outra grande pergunta por trás da questão principal:

Aumentar para que, quanto e por quê?

Para preencher status, mostrar que você é maior e melhor?

Para cumprir as metas estabelecidas pelos valores que sua empresa ou negócio defendem?

Para realizar, com ética, os sonhos que estruturam seu projeto?

O primeiro motivo vai quebrar o seu negócio porque desde os primórdios a arrogância tem quebrado grandes empreendimentos.

O segundo e o terceiro motivo irão abrir caminho para a vitória que você almeja, pois quem busca empreender para realizar sonhos ou cumprir metas retas só consegue enxergar o triunfo.

Termômetro de gestão

Existe uma maneira de aferir se a sua gestão é efetiva, admirada pela maioria, cobiçada pelos concorrentes e valorizada pela imprensa.

A todo instante, mantinha a equipe motivada por mim ou por profissionais de minha confiança.

Capítulo VI • A MENININHA SONHADORA DO INTERIOR DE VENÂNCIO AIRES CHEGA À PRESIDÊNCIA DE UM CLUBE DE FUTEBOL

Bob Floriano, por exemplo, usava sua voz poderosa para motivar a equipe. Gravou inclusive um vídeo para motivar nosso goleiro-reserva que cobria a vaga do principal, afastado por pneumonia.

Dentro e fora de campo, sempre fui do tipo gestora mãezona. Dava remédio para febre. Levava ao hospital e incentivava aos estudos. Conheci atletas habilidosos com a bola no pé que nem ao menos tinham concluído o ensino fundamental. Eu não viajava em carros de luxo para acompanhar a performance do time. Ia no mesmo ônibus. Disponibilizava aos atletas psicólogos para que pudessem encontrar equilíbrio pessoal e em grupo.

> O que você faz de melhor pode salvar a sua vida ou transformar a sua empresa num negócio milionário.

Ajudávamos atletas envolvidos, por exemplo, com drogas. As psicólogas facilitavam o caminho da felicidade profissional através do que os atletas tinham de melhor para oferecer: jogar bola.

Um a um, os profissionais encontravam seus caminhos e quem ganhava com esta busca, além dos próprios, era o clube.

Abordei um dos patrocinadores e fui incisiva:

— Quero bolsa de estudos para nossos atletas!

Fechamos um patrocínio que previa propaganda na camisa dos atletas em permuta com bolsa-estudo e ajuda financeira para que eles chegassem às salas de aula. O investimento para formar os atletas no ensino fundamental e médio era assumido pela iniciativa privada, beneficiada com nossas ações de *marketing*.

Não seria este o melhor formato de parceria entre esporte, corporativismo e educação?

Os requisitos para que tivessem direito às bolsas patrocinadas era interesse real pelo clube e comprometimento. O recado era direto:

— Se você não quiser, libere a vaga para o atleta que deseja crescer porque não temos vagas para todos.

Outro critério de inclusão dos atletas nestes programas educacionais era o merecimento conforme análise do técnico. Quando o líder em campo sugeria que era válido olhar e investir em determinado atleta, estudávamos o caso com muito carinho.

Uma pergunta me fazia empreender esforços para ver estes jogadores evoluírem.

Como nossos atletas podem se preparar para o exterior sem ao menos dominarem o próprio idioma?

Em reciprocidade, os atletas faziam todo tipo de surpresa e homenagens diversas. Não há, porém, reconhecimento maior do que o olhar dos beneficiados.

O passo seguinte foi o cartão de benefícios extensivo para a família do atleta que permitia desconto para frequentar cinema (inclusão cultural) e farmácia (poder de compra dos itens indispensáveis à saúde).

Criei uma biblioteca para preencher o desejo de muitos que passaram a ler com avidez. Comecei com uma ação que previa a doação de livros usados ao comprar ingressos.

Capítulo VI • A menininha sonhadora do interior de Venâncio Aires
chega à presidência de um clube de futebol

De acordo com o estatuto do clube, criado em 1921, deveria haver tesoureiro, presidente e secretaria. Na presidência, decidi expandir *só um pouquinho*, outra razão pela qual tivemos tanto êxito gestor:

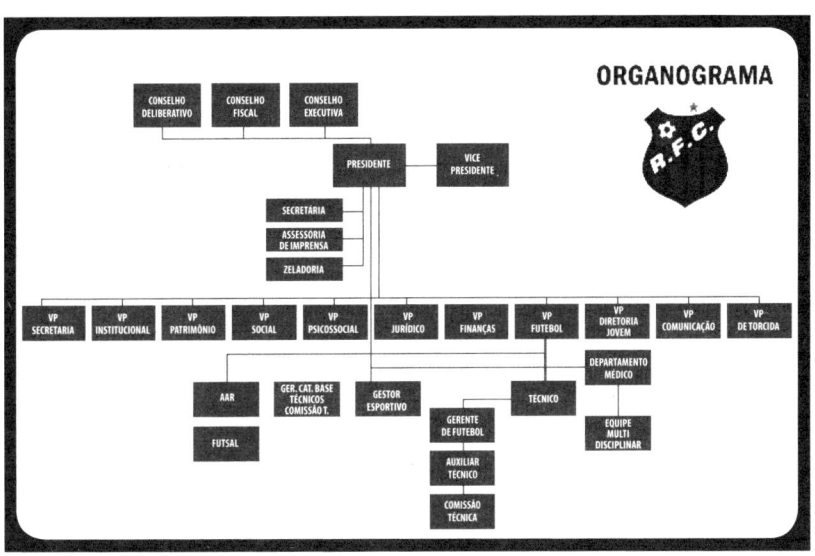

ORGANOGRAMA

Vou ilustrar, de maneira resumida, o que você pode criar e valorizar à frente da gestão para transformar um clube (as estratégias que servem aqui, servem ali) ou uma empresa em algo lucrativo:

Clube	Empresa
Diretoria jovem	Líderes não contaminados pelo mercado
Sala de convivência	Espaços comuns entre cargos diversos
Bolsas de estudo	Incentivo acadêmico
Incentivo à leitura	Incentivo à leitura contínua
Solução para drenagem no campo	Solução para drenagem do estresse
Nova carteirinha	Novas perspectivas
Valorização dos atletas de base	Valorização dos novos profissionais

Minha ideia sempre foi formar uma escola de dirigentes que se comunicasse muito bem com os dirigentes que assumem decisões arcaicas. Sem briga. Sem antagonismo. Sem choque entre gerações. Apenas o **melhor** porque é transformador e não porque um jovem ou um experiente diz que é melhor.

Em 2016, pergunte-me quem é bem-sucedido no futebol e posso te responder sem receio de errar porque conheço muitíssimo destes bastidores:

O presidente é aquele que tem o dinheiro e é próspero em seu negócio, que dificilmente tem a ver com o segmento de clube. Este presidente injeta capital no negócio sem nenhum conhecimento. Logo mais, acaba a temporada, colocam-se as contas debaixo do tapete porque é preciso seguir e no ano seguinte, lamenta-se o rombo.

> O motivo pelo qual os grandes clubes brasileiros, embora tanto arrecadem, estejam sempre no vermelho não é incompetência. O buraco é mais embaixo: falta aos dirigentes pulso, inovação, estudo setorial e acadêmico.

Você já se perguntou por que não existem presidentes de clube com 30 anos?

E por que, no corporativo, são raros os CEO's de 30 anos?

Precisamos reconhecer que há preconceito. O mercado está preparado para ouvir, mas nenhum pouco pronto para respeitar o que um dirigente de clube ou CEO de empresa desta idade determine como certo.

Capítulo VI • A menininha sonhadora do interior de Venâncio Aires chega à presidência de um clube de futebol

Você acha que esta é uma visão exagerada, quem sabe extremista, desta autora que vos escreve? Então responda:

Por que as instituições financeiras são mais cautelosas para conceder crédito a empresas cujos CEO's são jovens?

E você, confiaria mais no advogado, médico ou contador de 30 anos ou nos mesmos especialistas que tenham 45 anos? É involuntário. Mesmo sem refletir, opta-se pela experiência em alguns casos. Em outros, o excesso desta mesma experiência é a raiz do problema. Eu não poderia deixar de abrir esta discussão tão relevante.

De volta ao Riograndense, mais um desafio me aguardava. Como ajudar a esposa do torcedor...

— Você vai ao futebol de novo e vou ficar sozinha?

Era outra relevantíssima questão a resolver. Quando o homem ia ao estádio assistir ao Riograndense que tanto amava, deixava sozinha quem o amava.

Em ações de vanguarda, comecei a dedicar-me ao público feminino. Já tínhamos o torcedor de volta ao estádio e o investidor de volta às parcerias. Faltava trazer as esposas, noivas, amigas, irmãs e namoradas para nosso cotidiano. Fechamos parceria com escolas que promoviam aulas de dança e treinamentos funcionais. Desenvolvemos uma academia completa e trouxemos médicos ginecologistas que palestravam sobre o câncer e outros temas de suma importância para a saúde da mulher. Promovemos desfiles e toda sorte de eventos. O envolvimento com o clube foi tão grande que chegamos a constatar partidas com maior incidência de mulheres do que de homens.

Enquanto isso, nossa diretoria jovem assumia toda a excelência pertinente ao público frequentador de menor faixa etária. Da rede social ao site, passando por ações direcionadas, delegava-lhes a autonomia de criação e como principal executiva do clube, demonstrava o quanto confiava neles.

— Não vamos contratar nenhuma empresa ou agência para criar e administrar esta ação. Vocês ficarão responsáveis!

Eles assumiam e surpreendiam. Assim, de ponta a ponta da gestão, dedicávamos atenção ao público pagante, ao torcedor fiel, à pluralidade das faixas etárias, aos parceiros e conselheiros. Cada vez mais, o time do coração ganhava maior prestígio, seguidores e atenção da imprensa.

> Em seu negócio ou na empresa onde atua, será que os jovens têm voz ativa e chance de expor as ideias?

Não há a necessidade de gerar combate entre gerações, pensamentos e convicções diferentes. Ao contrário, como gestora sempre abri espaço para o diálogo e a soma de ideias conservadoras com as ideias revolucionárias.

Nomeei como vice-presidente da pasta de secretaria, por exemplo, um jovem de 20 anos. Foi uma ação questionada por muitos que ainda enxergavam a gestão de clubes como algo reservado ou exclusivamente restrito aos mais experientes.

Capítulo VI • A menininha sonhadora do interior de Venâncio Aires chega à presidência de um clube de futebol

Quero crer que depois das oportunidades que gerei e apoiei aos mais jovens, em breve teremos presidentes de clube que ainda nem se tornaram quarentões, porque é uma tendência.

O futebol e os clubes que atuam em diversas modalidades deveriam ser um negócio lucrativo, mas ainda são vistos e considerados como agremiações impossíveis de dar lucro.

É um equívoco. Qualquer negócio pode mostrar-se lucrativo. Com tanta receita, os maiores clubes (e para você não imaginar que é um pensamento setorizado da autora; as maiores estatais do Brasil) devem gerar lucro.

A cultura deficitária ou endividada tem data para acabar porque os novos gestores, possíveis sucessores dos dirigentes atuais, estão aprendendo como metamorfosear um negócio de prejuízo para um negócio altamente lucrativo.

O saldo do que construímos em um ano foi classificado pela imprensa como legado. Diretoria por diretoria, transformamos todo o clube em um negócio de excelência e atraímos investidores para construir a quadra de futebol *society*.

Encantados pelos novos espaços, os frequentadores e apaixonados pelo Riograndense tinham o desejo de permanecer nos espaços do clube. Mais que um case, aquilo tudo foi para mim a certeza de que fazia jus à oportunidade de gerir um clube de futebol.

Restava quebrar outro paradigma nacional. Como gestora, eu enxergo na torcida do clube uma grande força que deve ter voz opinante e assumir responsabilidades pelas massas que formam. Este pensamento me fez criar a vice-presidência de torcida.

> Engajados, torcedores defendem os interesses do clube com visão construtiva. Distanciados, defendem os próprios interesses, se tornam violentos e destrutivos.

Esta é a máxima que todo gestor de clube deve seguir. Conceder verba para torcida e dissociá-la das decisões e dos rumos que a agremiação vai seguir é como investir dinheiro sem exigir retorno.

A intolerância do torcedor diante das torcidas adversárias, quase sempre, é fruto da surdez dos dirigentes e patronos que pouco ou nada sabem acerca da gestão inclusiva.

Deixei o clube com muitas conquistas, muitos amigos e, em campo, uma família formada por jogadores que eram meus filhões. Foi difícil renunciar, mas necessário. Outros desafios me aguardavam. Sem dúvida, ainda falta muito a ser feito pelo futebol, mas dei um belo pontapé inicial para um futuro que seguramente será estruturado por mais e menos:

{ Mais mulheres engajadas em gestão de clubes;
{ Mais jovens que travarão saudáveis embates gestores com os experientes patronos;
{ Mais famílias nas arquibancadas;
{ Menos corrupção e incompetência;
{ Menos resistência para as ideias modernas;
{ Menos violência entre as torcidas.

Capítulo VI • A menininha sonhadora do interior de Venâncio Aires chega à presidência de um clube de futebol

Esta relação entre mais e menos vai trazer aos clubes o que todos eles buscam, motivo pelo qual pulsa o coração de cada torcedor apaixonado: títulos.

Para finalizar, aí está a melhor lição que levei deste grande case e espero que você leve para a sua vida profissional:

> O exército de pessoas indispostas ao que é inovador e audacioso não pode vencer o exército de uma pessoa só que vive dentro de você.

Capítulo VII

•

O futuro tem marca

@

Você já esteve em algum restaurante especializado, por exemplo, em galeto, pediu ao garçom que fizesse a indicação do melhor prato para aquele dia e escutou esta frase?

— A especialidade da casa é galeto!

Sem saber, o garçom questiona a inteligência do cliente com esta resposta. Obviamente, sabemos qual é a especialidade. O que desejamos saber é se naquele dia há um prato específico em destaque. A atitude do garçom que acabo de exemplificar comprometeu o que o restaurante tinha de melhor: sua marca.

A minha empresa se chama *Marca Consultoria e Assessoria*. Escolhi este nome porque sempre acreditei em algo estratégico para a visão pessoal e empresarial: todo passo que inclua sua marca terá sucesso. O *slogan* que utilizo na empresa é "o futuro tem marca", no sentido de que minha empresa tem uma marca respeitável e a sua empresa também deve ter. A inspiração para o nome e o *slogan* da empresa vieram através do que muitas pessoas, amigas ou parceiras de trabalho, costumavam repetir:

— Lisete, o que você faz é diferente porque você vibra e se empenha de uma maneira como ninguém mais conseguiria!

De tanto que escutei afirmações parecidas com esta, percebi que havia uma marca em minhas conquistas. Daí a criação do nome que agrega valor para mim e para os clientes. Fez todo sentido porque eu queria que as empresas contratassem minha consultoria, que tinha um estilo original de operar, sem que perdessem a própria marca. Pensando assim, sempre usei dois conjuntos de tripla reflexão digital que envolvem a metodologia de minha empresa:

#imprimasuamarca
#praserfeliz
#MarcabyLisete

E a outra:
MarcabyLisete
#conhecimentoquetransforma
#praserfeliz

São formatos que expressam o caminho trilhado por qualquer consultoria, palestra ou treinamento que ministro. Tanto as pessoas que já assumem a gestão de algum negócio como aquelas que pretendem chegar a este posto, precisam pensar na marca que carregam como pessoas físicas, portanto o seu maior bem; no nome e na marca que portam como pessoas jurídicas, o valoroso trabalho. Em ambos os casos, há uma lição que preciso te transferir neste capítulo.

Os atos de empreender e gerir ditam que <u>você</u> e ninguém mais deva passar pelo aprendizado transformacional.

> Empreendedores de verdade delegam o aprendizado técnico e assumem o aprendizado estratégico

Ministrando muitas palestras em órgãos respeitadíssimos pela indústria e comércio nacional, pude conhecer algumas particularidades sobre o comportamento dos empreendedores brasileiros despreocupados com a própria **marca** que defendem.

O conhecimento que poderia multiplicar o retorno de seus investimentos é delegado a funcionários que quase sempre estão indispostos a este conteúdo, em função da realidade que vivem.

Quero te provocar para que reflita que vale fazer esforços presenciais, caso queira realmente encontrar êxito em seus negócios. Imagine...

Tema da palestra –

O que, como e quando investir para triplicar o retorno de seus investimentos

Você enviaria um funcionário para aprender o que outros empreendedores fizeram de suas marcas neste sentido ou iria pessoalmente aprender?

Tema da palestra –
Os segredos dos líderes que roubam o patrão com muita discrição.

Você enviaria um funcionário para que entendesse disso melhor que você, comprometendo desta maneira a saúde financeira de sua marca?

Além da desconexão entre a realidade que os funcionários vivem e os eventuais temas propostos, ainda existe outro problema grave. Quando recebem a incumbência (muitas vezes ordem inquestionável) de participar do evento, estes representantes não têm o menor prazer ou interesse de explorar o tema discutido. Eles pensam conforme a própria realidade. Vou apresentar cinco possibilidades do que pode estar pensando a pessoa para quem você delegou grandes oportunidades de sucesso:

1. *Já que me obrigaram a vir até aqui, vou passar o tempo todo na rede social.*
2. *O que estou fazendo aqui?*
3. *O palestrante tem um conteúdo legal, mas não estou nem um pouco interessado. Quando voltar, eu replico para ele duas ou três dicas e o chefe vai ficar feliz!*
4. *Com tanto serviço na empresa, me pedem para escutar palestra!*
5. *Minha equipe lá sozinha e eu aqui. Depois, vão me cobrar resultado e já até sei o que vou responder: como esperam que faça o meu trabalho se me fazem sair?*

Já me vi a explicar o que os líderes, empresários e empreendedores devem fazer com a sua marca e constatei vendedores a perguntar:

— E como se faz isso?

Como explicar, em uma palestra, que todo bom negócio deve ter iluminação apropriada, climatização e sonorização em alinhamento com o perfil do negócio, se as pessoas que estão participando do evento não podem autorizar nenhum investimento nestas áreas?

Já recebi *feedback*, por exemplo, neste sentido:

— Lisete, sua palestra foi excelente, nunca vi nada igual, mas nem sei como levar as dicas para a empresa porque o patrão tem a mão bem fechada para liberar verba!

Versatilidade em eventos é uma característica exigível para os profissionais do ramo, mas isso é diferente de falar sobre qualquer tema para qualquer perfil. Por exemplo:

{ *Quem vende pano de prato deve se adequar ao capricho da embalagem.*

{ *Quem vende produtos e os expõe na própria casa precisa adaptar o espaço e receber os clientes num ambiente propício ao consumo. Nada mais indelicado, para ilustrar esta reflexão, do que a cliente comprar lingerie na sala enquanto o marido da vendedora assiste ao jogo de futebol entre um arroto e outro.*

Ou seja, ensinar técnicas para quem empreende de maneira mais simples é tranquilo, mas explicar estratégias para funcionários que não têm a autonomia de decisão é improdutivo. Mesmo que uma palestra seja gratuita, o tempo de nossos colaboradores custa dinheiro e não pode ser rifado. Vale lembrar que por trás deste dinheiro está a sua marca.

Há cursos de vendas nos quais a interação surpreende e neste caso sim, enviar líderes e vendedores é fundamental. Mas, curso para empreendedores não pode ser transferido porque desvaloriza sua marca e, pior ainda, porque todos perdem, ou no mínimo deixam de ganhar o trio de ações que garante resultados acima da média.

{ Transformar-se;
{ Comprometer-se;
{ Dotar-se de atitude.

Seguindo o próprio exemplo de vida, eu sempre disse para as pessoas que é fundamental se transformar a todo instante, ter comprometimento em total entrega ao que faz e assumir atitudes dignas de quem quer construir algo. Esta visão transforma a receita do aprendizado em algo simples, mas que deve ser observado continuamente.

Nos clubes por onde passei como gestora, presidente ou consultora, a reputação da marca que o nome da instituição carrega sempre recebeu minha atenção especial porque eu sei exatamente, dentre tantos outros motivos, o que mais quebra um negócio promissor e vou compartilhar agora contigo:

As marcas mais sólidas que já estiveram no mercado e desapareceram, antes da decadência perderam aos poucos as duas habilidades que narrarei a seguir. Da mesma maneira que a hipertensão arterial pode matar um ser humano silenciosamente, aos poucos, a desatenção a estes itens pode matar uma empresa, ONG, um clube e até um sonho:

Ausência de padrão – Procure lembrar-se de suas viagens aéreas e note que há um protocolo de atendimento nos quesitos segurança, conforto e pontualidade. Um ou mais destes quesitos perdidos comprometem, até mesmo de forma letal, a marca da companhia aérea;
Ausência de habilidade permutativa – Não se deve sair comprando tudo. Por onde passei como gestora, procurei evitar o uso de verba do orçamento para as compras de itens indispensáveis ao negócio. Se eu queria uma mesa de sinuca para a área de convivência recreativa dos colaboradores, não comprava. Permutava por algum tipo de serviço ou propaganda.

A mesma estratégia deve existir em sua empresa. Digamos que a empresa seja fabricante de lustres em alto padrão. Quando precisar de uma ferramenta caríssima, ao invés de correr para comprar, vale calcular a viabilidade de permuta com algum parceiro que deseje ter o seu lustre no teto. Para todo produto que se produz, há um consumidor interessado.

A minha marca se fortaleceu com muita venda, mas nunca deixei de praticar a permuta porque a empresa que precisa pagar por tudo em espécie tende a viver uma gestão de endividamento.

Empresas e clubes se enxergam muito como concorrentes e têm dificuldade para contemplar a parceria que pode surgir. Deixam de buscar benefícios para o segmento porque só conseguem ver o próprio negócio, o próprio umbigo empresarial.

Juntos, empresas ou clubes têm mais força para negociar a redução de impostos com o governo, as condições justas com os sindicatos da categoria, a diminuição de preços e o respectivo aumento de prazo com os fornecedores. Esta é a gestão que tem olhos futuristas, que não se preocupa com a saúde da empresa somente hoje.

Quando questionado sobre o futuro do negócio ou do segmento, todo gestor deve ter a resposta na ponta da língua, pois se ele responder que "amanhã a Deus pertence" com certeza está na posição errada.

Vou demonstrar esta excelência. A **Marca**, minha empresa, iniciou um trabalho de consultoria setorizada para as padarias de Santa Maria. Várias ações sacudiram o segmento de panificação em busca de excelência. Você imagina qual foi o maior desafio durante a execução deste trabalho que visava dar um novo brilho de encantamento aos clientes? Vou te contar, começando da maneira como eu mesma me comporto na condição de consumidora...

Capítulo VII • O futuro tem marca

Eu sou avó. Se vou comprar um docinho para a neta, quero levar outro para o filho, mais um para a filha e assim por diante. Cada filho tem um gosto diferente para doces e eu espero encontrar a preferência deles no mesmo fornecedor. É aqui que começa o empreendedorismo e a gestão; explicava para eles: a padaria vai me oferecer todos estes produtos ou me disponibilizar apenas o pãozinho? Eu compro especiarias pensando na família. A mamãe que vai à padaria compra assim. O papai, o vovô; todos, enfim. Alguns empresários, entretanto, correm o risco de vender somente pão pelo resto da vida.

Nossa consultoria propôs aos empresários do setor que fizéssemos um livro de receitas. Cada padaria deveria trazer uma receita sua, inédita, assinada especificamente por determinada casa de panificação.

Eles não queriam compartilhar receitas.

Sabe o que isso significa aos olhos analistas da gestão moderna? Em tempos de compartilhamento, redes sociais e informações instantaneamente acessadas, esconder segredos de cozinha como a vovó fazia no século XIX é o mesmo que assinar a sentença de esvaziamento da padaria.

No fim, ficarão os produtores da receita que "não pode ser dividida", os atendentes e o caixa. O cliente estará longe dali, prestigiando quem teve a generosidade de ensinar como se prepara esta ou aquela delícia.

O estilo de preparar será sempre único. Eu narrei nesta obra uma porção de segredos da gestão assertiva e não estou preocupada que os meus concorrentes gestores utilizem. Ao contrário, quero mesmo é que evoluam e criem cases como os que eu criei. Ou seja, mesmo que a pessoa saiba o que e como eu fiz, ela nunca fará como eu farei porque cada profissional é único. Foi este entendimento que a nossa consultoria levou até estes empresários reticentes com a informação.

Nossa consultoria sugeriu também aos empresários da panificação uma bateria de visitas entre os gestores do setor para promover o intercâmbio de experiências e identificar os erros mais comuns ou imperceptíveis. Novamente houve resistência e sabe qual foi a frase mais comum que escutei destes gestores?

— Melhor não. O outro vai saber o que eu faço!

Pode existir uma centena de negócios semelhantes, mas assim como transformei minha loja no maior ponto de encontro e referência das tradições gaúchas, todo gestor também pode imprimir sua marca, o próprio e inimitável estilo. É como uma receita: produtos semelhantes – apresentação assemelhada – execução única.

Vou deixar um segredo nesta obra, simples, composto por uma frase, mas imensamente poderoso para transformar o seu negócio em no mínimo sete dígitos de faturamento:

> Troque o injustificável medo da concorrência pela busca inesgotável de parceiros.

Capítulo VII • O futuro tem marca

Desenvolvemos pequenos bolinhos com símbolos dos times à disposição e a criançada tinha a chance de decorar seu bolo conforme o time do coração. Foi um sucesso. Um indicava para o outro.

Aliás, registra-se aqui outro grande segredo de vendas nestes ambientes: não basta ter variedade. É preciso saber expor, fazer o cliente comer com os olhos antes mesmo que imagine o produto embrulhado ou que se veja em casa, degustando cada pedaço. Clientes compram alimento com os olhos. Só depois é que abrem a carteira.

> Sozinhos, empresários não alcançam o infinito, gestores não atingem o sucesso e líderes ficam com as mãos atadas por um nó que eles próprios se deram.

Os clubes de futebol, por exemplo, precisam unificar preços de ingresso, trabalhar com fornecedores que ofereçam o mesmo padrão de preço e qualidade na confecção de uniformes e aproximar o preço de venda dos produtos de seus clubes, ao invés de colocá-los em disparidade.

Estabelecendo uma aproximação mais padronizada das ações de marketing e vendas, clubes se tornam mais atraentes para o investidor, que terá a chance de contribuir com este e aquele clube.

Nas empresas brasileiras fabricantes que precisam valorizar sua marca, a aproximada padronização dos quesitos qualidade, requinte, versatilidade e inovação atrai mais clientes e dificulta a entrada de produtos asiáticos, com os quais é impossível concorrer em preço, já que dos quatro quesitos que acabei de citar, apenas versatilidade e inovação podem ser encontrados nestes produtos que invadem a economia brasileira. Ora, se já sabemos que um produto de produção genuinamente brasileira é superior em qualidade e requinte, o que temos a fazer não é lamentar o fato de o produto asiático custar 20 vezes mais barato. A ação correta destes empresários é contratar gestores e consultores que os ensinem a desenvolver uma gama de clientes compatível com o requinte e a qualidade que só eles oferecem.

Em resumo, a sua marca ganha força quando suas mãos se juntam às mãos dos concorrentes. Se você compra 500 peças de um fabricante para produzir o seu produto final e se conectar a outros 9 concorrentes, juntos vocês podem levar o pedido de compra que contenha 5000 peças. Estruturar-se em parceria aumenta o poder de barganha, o prazo de pagamento e a qualidade do produto ou serviço que a empresa recebe.

No Brasil, dois problemas comprometem a marca das empresas e exigem atenção gestora constante e vigilante:

O medo de contratar pessoas melhores – De recursos humanos às vendas, da área de compras ao financeiro, todos os setores organizacionais são inflamados pelo medo que alguns profissionais carregam de serem superados por quem está chegando. Cabe aos gestores e líderes a criação de planos de carreira justos para eliminar este medo e garantir a saúde da marca;

Capítulo VII • O futuro tem marca

A mínima importância que se dá aos talentos identificados – Tratar quem é capaz de criar, fomentar e transformar o negócio como mais um colaborador é como ter o Neymar no time e deixá-lo no banco por toda a temporada. Colaboradores dotados de talentos diferenciados merecem ser ouvidos de maneira especial e devem receber espaço para desenvolver suas aptidões com liberdade.

> Se existe algo que inibe um gênio de criar é o freio imposto por quem é incapaz de criar.

Em minha gestão, quando terminava uma temporada de ações, chamava todas as áreas e departamento a departamento, criávamos a análise conjunta.

— O que vocês avaliam, com franqueza, que deu errado em nossa temporada?

— O que vocês sugerem que deva ser feito no próximo ciclo de ações estratégicas?

Em poucos minutos e com a ajuda das mentes mais talentosas, definíamos um planejamento estratégico, eficaz e este é outro grande segredo para você que atua ou vai demandar esforços para atuar em liderança, gestão ou empreendedorismo:

> A gestão surda e solitária não é gestão.
> É somente uma opinião.

Abrir os ouvidos não é demonstração de fraqueza, mas de força, porque fraco mesmo é o gestor narcisista e egocêntrico que gosta do som da própria voz e se especializa em abafar outras vozes solucionadoras.

Trazer as pessoas para perto de si. Dar as mãos até que se junte a maior e mais inseparável corrente de excelência. Esta é a atribuição de gestores modernos, destemidos e livres do receio de serem superados.

A *Marca*, minha consultoria de gestão, atendeu uma outra marca forte na região sul, especializada no setor varejista e vou compartilhar este exemplo para que você identifique e valorize seus talentos.

Quando fui fazer o diagnóstico, deparei-me com uma anarquia cacofônica. Um pancadão de funk tocava a todo volume na loja principal deste nosso cliente, afugentando os clientes dele. Seus produtos não estavam apresentados na disposição exigível de venda, mas jogados por todos os cantos da loja. O embaraço maior ainda estava por vir. Enquanto lhes prestava consultoria, percebi que estavam pagando horrores para uma vitrinista externa e eles tinham uma funcionária cujo talento vitrinista superava em 10x0 sua rival contratada de fora. Mas quem disse que o empresário estava com os olhos abertos para identificar talento?

— Você tem uma pessoa que faz parte de sua despesa fixa, da sua relação de cargos e salários. Mesmo assim, está pagando alguém de fora para lidar com a vitrine. É preciso dar uma oportunidade para tal pessoa. Percebi que ela tem muito talento como vitrinista.

Capítulo VII • O futuro tem marca

— Como? Ela não sabe!
— Deixe-a fazer. Você me contratou como consultora, então escute meu conselho de gestora. Você não tem nada a perder, afinal já paga seu salário, de qualquer maneira.

Ele permitiu o teste e ficou encantado. Até hoje, esta pessoa é a vitrinista oficial da loja.

As pessoas talentosas não são plantas que devem ficar paradas e tampouco podadas. O empresário deve colocar seus colaboradores em giro conforme o talento que identifica em cada um. Quem ganha com isso é a sua *marca*.

Por que manter uma pessoa como vendedora se ela não rende no setor, mas se mostra muito hábil para gerenciar a logística? Demitir o vendedor, contratar outro para substitui-lo e ainda um terceiro para a vaga de logística é uma ação que merece nota zero no quesito gestão.

Quando treino as equipes, faço todos criarem porque é o exercício de criação que mostra ao gestor quem é bom nisso e naquilo.

Em outra consultoria, encontrei um empresário descrente e contra tudo que eu dizia. Comprei uma aposta como gestora:

— Lisete, isso não dá certo. Não tem como...

Qualquer ação que eu sugeria era vedada. Ele não queria testar nada. Precisei ser radical.

— Você está pagando caríssimo pelos serviços de uma agência que vem aqui, tira meia dúzia de fotos e não soluciona nada. Deixe-me promover as mudanças necessárias. Se não der certo, você não vai pagar nada para a *Marca Consultoria*.

Transformamos completamente o negócio dele e até hoje nos contrata para acompanhar a evolução e manter os bons resultados alcançados.

Neste momento da obra, se você supunha que minha experiência como gestora era aplicada somente aos clubes de futebol, já deve ter percebido algo que todo gestor deve perceber:

Os gestores de alta *performance* não trabalham somente para o segmento A ou B de mercado, mas para os empresários que queiram, seja qual for o nicho, desbravar ou aumentar sua participação de mercado.

Dos clubes ao setor alimentício, de lojas varejistas ou atacadistas ao complexo universo de empresas multinacionais, eu sempre tive presença versátil como consultora porque gestão bem praticada cabe em todo lugar e desenvolvi a própria marca a fim de explorar a maior variedade possível de negócios.

Assim, minha consultoria chegou ao empreendedorismo no setor da saúde. Sim, é um setor que merece respeito. Muita gente acha que médicos devem ser aquela figura disposta a salvar vidas e dissociada dos negócios.

A realidade é bem diferente e prova disso é a extensa lista de grandes convênios que atuam com eficiência em todo o território nacional e até cobrem seus associados enquanto visitam outros países. Estes convênios foram criados por médicos empreendedores.

Há muitos anos, a *Marca* oferece consultoria para um dos maiores nomes da medicina esportiva.

Capítulo VII • O futuro tem marca

— Minha vida está uma bagunça. Não sei quanto eu ganho. Uma pinça custa milhares de dólares e a todo instante perdemos material.

— Ok, deixe-me, como gestora, organizar sua vida. Seu nome é uma marca. Vamos recrutar, selecionar e treinar secretárias de nível I e II, além de colocar instrumentadores de confiança para apoiar seus procedimentos cirúrgicos.

Quando ofereci o orçamento, senti que o médico ficou cauteloso e o surpreendi, algo que todo fornecedor deve gerar aos seus clientes; fator-surpresa.

— Eu percebi que você se sentiu desconfortável com o investimento. Então, me proponho a trabalhar um mês sem remuneração para organizar sua vida e torná-lo além de médico, empreendedor da saúde. Se você gostar, assinamos contrato!

No primeiro mês, recuperei significativo montante somente com uma ação específica para cobrar dos convênios médicos o repasse financeiro pelos serviços prestados de cirurgia e perícia, que simplesmente estavam engavetados pelas secretárias que o médico tinha. Não faziam por maldade, mas por desorientação e desorganização. Trabalhavam sem nenhuma estrutura ou método, sem saber exatamente o que ou porquê faziam. O financeiro da operação era um caderninho cujo controle existia quando alguém estava a fim de fazer ou se lembrava de anotar.

Implantamos o financeiro. Uma secretária executiva controlava todos os procedimentos passíveis de pagamento, fazia um *print* na tela para que ele pudesse acompanhar e saber a sua exata remuneração. Durante as cirurgias, as horas do instrumentador foram contabilizadas e negociadas, bem como as ferramentas que deveriam estar em sua caixa. A atenção que o instrumentador deveria conceder aos pacientes foi monitorada em busca da excelência. O vídeo das cirurgias era instalado no computador do médico, para que ele tivesse o detalhamento e pudesse acompanhar a evolução do paciente, por exemplo, um ano depois da intervenção. Criamos um sistema de agendamento que disparava mensagens para o telefone celular do médico, do instrumentador, da secretária, do anestesista e da equipe.

A vida profissional do médico foi solucionada e vale como sugestão para gestores: se você resolve e torna o negócio do cliente mais abundante, só resultados maravilhosos te esperam. No caso dele, abriu uma segunda clínica, teve sua agenda organizada, parou de correr contra o relógio e passou a fazer procedimentos cirúrgicos internacionais.

De tão feliz que ficou, além dos honorários pertinentes à excelência da consultoria prestada pela *Marca*, é nosso cliente desde então.

A lição que podemos tirar deste case é a necessidade de organização, algo que quase não existe na vida de profissionais liberais, autônomos e empreendedores dos diversos segmentos.

> Você pode gerar receitas milionárias executando o que faz de melhor, mas será sempre refém de despesas ainda mais milionárias se não tiver capacidade organizacional, estratégica e gestora.

Capítulo VII • O futuro tem marca

Vou finalizar este capítulo e quero te deixar mais um recado: saiba quem está contratando. Tenha medo de profissionais totalmente disponíveis. Quem está ocupado(a) e com a agenda cheia oferece maior garantia de retorno. Ainda que você precise esperar um pouquinho mais, o resultado final sempre será compensador.

Presenciei casos de empresários que contrataram consultorias de reputação internacional cujo preço (note que não disse valor e sim preço) era inconcebível frente ao que era oferecido. Uma consultoria especializada em emitir relatórios que somente quem preparou entende não pode ser assim chamada. Seria, no máximo, uma consultoria especializada em relatórios complexos.

Pode até ser chique dizer que contratou uma empresa norte-americana para colocar sua pessoa jurídica em ordem. Resta saber se é funcional, viável, compatível com o preço e de fato transformacional para o empreendimento. Lembre-se que sua *marca* depende destes resultados.

Vamos ao próximo capítulo. Estou prestes a te entregar, <u>sem nenhum receio</u>, o que acumulei de experiências.

A gestão que atua de forma única pode e deve ser copiada, mas nunca será igual.

Capítulo VIII

•

O momento certo de investir e liderar com vigor

@

Você sabe mesmo quando deve acelerar ou frear a respeito de gestão, liderança, empreendedorismo e investimento?

Sem a menor noção do que é e como manter um saudável fluxo de caixa, empresários e gestores ficam algemados e vulneráveis às possibilidades. Há quem classifique este perfil como empreendedor arrojado, mas eu prefiro atribuir outro adjetivo: inconsequente.

Investimento bem feito requer a construção de um orçamento próximo da realidade que virá. Se não for assim, o empreendedor não tem um orçamentista eficiente e este profissional vai rifar seu negócio. Poderá dar certo. Poderá dar errado.

Um orçamento que prevê 50 chapas de policarbonato para a cúpula de um imóvel deve ser próximo da exatidão porque o valor é muito alto. As melhores empresas do ramo devem ser acionadas e quem orça não pode informar que está "orçando", mas que está "cotando para compra" porque fornecedores informam um preço para compra e outro para orçamento. Este nível de sensibilidade, infelizmente, não faz parte dos orçamentos no Brasil. A maioria das grandes obras que sediam, para ilustrar, copa do mundo, olimpíadas, arenas ou quaisquer investimentos são inúteis. Estima-se um orçamento de 600 milhões e se gasta 2 bilhões. Sabe por que isso acontece?

Não há gestão eficiente. Não há quem capacite orçamentistas. E não pense tratar-se de um problema restrito às obras governamentais. A iniciativa privada também sofre com orçamentos que, se descobre no futuro, nem mereciam ser chamados de orçamentos, mas de chutes. E pior: em analogia, não exatamente chute de atacantes precisos e matadores, mas chutes de zagueiros com muita habilidade defensora e nenhum tato para lançar com precisão. Ou seja, na vida real, os orçamentistas encontrarão uma série de desculpas para justificar tamanha diferença e o fato é que continuarão péssimos batedores.

O investimento é mesmo válido?

Só um orçamento bem construído poderá dizer.

Até que ponto vale mesmo investir nisso?

Com dados mascarados e distantes da realidade, impossível saber.

Eu sempre fiz assim e vou continuar. Dá certo?

Depende do que você entende por dar certo. <u>Perder dinheiro</u> é diferente de <u>deixar de ganhar</u>.

Capítulo VIII • O momento certo de investir e liderar com vigor

Se você fez sempre assim e nunca perdeu, está no empate técnico. Se você fez sempre assim e nunca ganhou mais, está deficitário em relação ao que poderia ser um negócio maravilhoso, mas foi travado por sua dificuldade de inovar.

As vendas são um reflexo deste momento certo para agir. Um incentivo deve ser bem feito. A boa gestão define metas qualitativas e quantitativas. Ao sentir que é possível vender muito mais, líderes instigam todos ao alcance de maiores números, mas não pode existir mesquinharia. Vamos imaginar que o líder diga, por exemplo:

— Vamos aumentar a meta, pois temos condições de vender muito mais. Se conseguirmos, já negociei com a diretoria e será concedido um aumento de 40% no benefício da refeição de vocês.

A equipe se esforça, rala, dá o máximo de si e consegue aumentar em 30% as vendas do mês. Então, o líder bate à porta do empresário.

— Deu certo, chefe. Minha equipe construiu 30% de aumento nas vendas. Hoje, vou fazer uma reunião com eles e anunciar o reajuste no benefício que você me prometeu.

Acredite se quiser, isso acontece todo dia em todos os ramos do mercado. O empresário responde:

— Desculpe, mas pensei bem e não vou dar reajuste coisa nenhuma. Eles tinham condições de aumentar as vendas, estavam fazendo corpo mole e resolveram trabalhar. Vamos fazer assim: se aumentar mais 30% neste próximo mês, eu libero o reajuste.

Em inúmeros casos, esta é a causa da rotatividade de líderes no mercado. Em outra análise, é por isso que os empregadores costumam dizer:

— *Está difícil conseguir líder comprometido.*

E vai ficar ainda mais difícil. Líder de verdade não se curva diante da palavra não cumprida. Líder de verdade se recusa a empenhar uma promessa para a equipe e voltar atrás.

Quem aceita fazer isso é chefe e destes o mercado está cheio. Basta dar poder e um pequeno aumento de salário e você terá alguém que, nas mesmas circunstâncias exemplificadas, dirá para a equipe:

— Gente, é o seguinte: desta vez não deu certo. O patrão ficou chateado porque estávamos segurando o resultado e não liberou o aumento prometido. Vamos pra cima de novo. Ele me garantiu que se aumentarmos mais 30%, desta vez vai conceder.

Isso não é liderança. Não há vigor na postura. Não é gestão. É a demonstração franca de um profissional que aceita qualquer coisa e não impõe opinião. A situação é tão grave que, interpelados por um ou outro da equipe, estes líderes já têm defesa pronta:

— Peraí, chefe. É chato isso. Você disse que tinha conseguido o reajuste com o patrão. A equipe acreditou em você e agora vem com esta?

— Cara, também fiquei chateado. Mas, você quer que eu faça o quê? Vou peitar o homem e colocar em risco meu emprego? Paciência!

O empresário exemplificado perdeu a chance de talvez duplicar o faturamento e a estrutura de sua empresa. Outro ponto que vale reflexão é o tipo de investimento.

> Muitas empresas trabalham na mesma linha de um casamento terminado. Atuam no cheque especial, no vermelho total, colhendo resultados infelizes e, ainda assim, insistem nas mesmas ações para manter as aparências.

Investir pesadamente em propaganda de televisão nem sempre é a melhor escolha.

— Vamos reduzir este investimento e investir em melhorias para os funcionários que de fato têm possibilidades de trazer resultados imediatos? Vamos colocar meta semanal e em cada sábado estarei aqui para administrar o cumprimento destas metas.

Certa vez, eu disse isso para um cliente da Marca. Ele acreditou que seria possível e quadriplicamos seu faturamento. Se fosse uma gestora imprudente, teria simplesmente concordado com o investimento em mídia que ele estava prestes a aprovar. Esta é a pergunta que você deve fazer, incansavelmente, até que encontre resposta.

Neste momento, devo realmente investir nisso?

Invista em programas que premiem a excelência.

A especialização do profissional é cobrança? Premie a recuperação do crédito considerado perdido.

A especialização do profissional é administrativa? Premie o bom gerenciamento.

A especialização do profissional é comercial? Eu vendo até casa incendiando, mas preciso estar motivada. Premie resultados acima da meta estabelecida e não deixe passar em branco uma superação, por exemplo, de 300%.

A especialização do profissional é financeira? Premie o equilíbrio periódico do fluxo de caixa.

A especialização do profissional é faxina? Premie o ambiente impecavelmente limpo. Por onde o cliente passa, seus olhos já passaram e perscrutaram cada detalhe.

A habilidade de gestão se encaixa neste quebra-cabeças com precisão porque nem todos os colaboradores apreciam trabalhar com método e metas. Cabe aos gestores o papel de incitar o tesão pela busca de resultados. Não existem resultados grandiosos sem uma busca frenética.

Sem este cuidado de inovar e buscar mais, como nos casamentos infelizes, deixa-se de valorizar o que temos de melhor e, aos poucos, os profissionais começam a enxergar os defeitos da empresa, dos colegas, dos produtos ou serviços que fazem parte do negócio. Este é o momento certo, tal qual a proposta do capítulo, de investir e retomar a gestão daquilo que você um dia acreditou sem nenhuma sombra de dúvida ou hesitação.

Certa vez, um concorrente achou-se no direito de invadir minha loja. Penso que ele considerou ser aquele o momento certo de agir, mesmo à sua maneira meio agressiva. Colocou o dedo indicador bem no meio da minha face e desabafou.

— Escute aqui, quero saber o que você anda fazendo. Os clientes de minha loja desapareceram e, pelo que alguns andaram me dizendo, você tem feito preços impossíveis de se praticar.

Capítulo VIII • O momento certo de investir e liderar com vigor

— Como assim? – Perguntei eu, indignada com a audácia.

— Alguma coisa você está fazendo de errado.

Minha paciência acabou. Ele precisava escutar uma verdade.

— Espere um pouquinho. Eu não venderia nenhum produto que me desse prejuízo apenas para ficar com a maior parte dos clientes. Se estou vendendo mais barato, é porque eu sei comprar e você não sabe. Além disso, minha sala é de vidro porque eu quero enxergar cada cliente que entra na loja e estou sempre ao lado da vitrine com a minha equipe de vendas. Eu me atiro da escada para vender. O senhor, pelo que eu sei, fica numa sala fechada, atrás de uma mesa. Então eu pergunto, o que foi mesmo que o senhor veio fazer em minha loja?

Ele virou as costas e saiu tão subitamente quanto chegou. Acho que até hoje ainda está procurando resposta para a pergunta que fiz.

O momento certo para investir nunca se apresenta com facilidade, mas o instante certo de recuar só falta gritar para que os gestores percebam. Ainda assim, muitos não escutam. As consequências são severas e a empresa perde quatro elementos que toda gestão bem executada deve ter:

1) Dinheiro;
2) Clientes;
3) Oportunidade;
4) Tempo.

Dinheiro se recupera. Clientes, nem sempre. Oportunidade se recupera. Tempo, nunca mais.

Capítulo IX

•

Consultoria & Gestão: @praserfeliz

Este é o último capítulo. Eu já entreguei ferramentas e recursos para que você colecione cases. Mas deixei o alerta maior para o final: educação financeira.

Imagine um clube de futebol, por exemplo, a viver o seu melhor momento. Ano de títulos conquistados. Diretoria, jogadores e torcedores felizes. Rivais tristes. Patrocinadores interessados. Assédio da imprensa. Empresários de jogadores implorando espaço.

Imagine uma empresa no auge. Celebra-se o primeiro lugar arduamente conquistado no ranking setorial. Funcionários felizes espalham a notícia entre familiares, amigos e relatam o que fizeram para contribuir. Seus concorrentes começam a demitir. Mudam de estratégia. Trocam de fornecedores. Fazem qualquer coisa para retomar o topo.

No momento em que os dois exemplificados estão bem, investe-se em propaganda, consultoria, treinamento e quaisquer ações que façam aquele instante durar para sempre.

Entretanto, basta que os números caiam um pouquinho e tudo é suspenso. No Brasil, este é o estilo de muitos que estão à frente de projetos, equipes esportivas e empresas de variados segmentos.

Em países mais desenvolvidos, há reserva financeira e separa-se o budget anual para investir em áreas essenciais ao franco crescimento, enquanto gestores brasileiros têm por hábito calcular o que entrou, pagar o que é fundamental para continuar em operação e rezar para que a sobra seja suficiente ou que cubra despesas por eles próprios classificadas como adiáveis.

> Uma consultoria séria, estruturada em detalhes, pode salvar, tornar saudável e expandir a área esportiva, o comércio, a indústria e o terceiro setor.

Os diferenciais devem ser investidos, explorados e divulgados enquanto a saúde financeira estiver firme e não quando o vermelho se aproximar.

Ao mesmo tempo, CEO's não devem vacilar ou fechar os olhos para novos investimentos, mesmo diante de crises setoriais ou internas e tudo isso deve ser arquitetado de maneira estratégica, sem passar pelas estradas do endividamento ou dos juros descabidos, dois caminhos que respondem sozinhos por incontáveis projetos dilapidados.

Neste capítulo, vou apresentar dois exemplos do que deve e não deve ser feito à frente de um negócio, independentemente do ramo, porque outro transtorno sério é o desconhecimento duplo de gestores:

{ A movimentação de sucesso que outros mercados apresentam e pode servir de inspiração;

{ O custo que representa estocar material por longos períodos.

— Tenho 3 milhões em mercadorias no estoque!

Já tive cliente que não tinha giro capaz de justificar tanto depósito e me disse isso com todas as letras, em tom de orgulho, ignorando o custo de mantê-lo enquanto os gastos fixos mensais e a depreciação subjugavam a sua empresa, como provei depois.

Proponho comparar, agora, mercados e situações diferentes, como tinha prometido. Vou exemplificar a primeira das situações.

Uma pequena loja de calçados, em determinada ocasião, contratou meus serviços de consultoria. Chegando lá, constatei que na parede estava destacado um belo quadro. Nele constavam a missão, a visão e os valores daquele comércio.

Poxa vida, pelo jeito já andaram fazendo consultoria nesta loja antes de mim – pensei.

Comecei a trabalhar: diagnóstico, bateria de fotos, visita ao depósito, cálculo do giro de mercadorias (algo que muito empresário não sabe fazer ou no mínimo não sabe quanto custa a mercadoria parada). E quando estava na etapa do cálculo, o gerente passou por mim. Eu elogiei a loja por ter bem definidos estes pontos tão fundamentais.

Foi aí que escutei a pérola.

— Você viu que legal, Lisete? Eu trabalhava em outra empresa e, quando me mudei para cá, fiz questão de copiar e trazer porque achava muito bonito.

Eu olhava para ele.

Olhava para o quadro na parede.

Estava incrédula com o que via e escutava.

Você que lê minha obra acaso supõe que esta visão simplória e desconhecedora é um caso isolado?

Uma pesquisa nacional nas pequenas e médias empresas com certeza encontraria muitos gestores que não sabem como ou porque se deve ter missão, visão e valores bem definidos.

Convenhamos que se o empresário ou presidente de clube não conseguiu definir o nascer do sol que seu negócio necessita toda manhã, com certeza estará despreparado para assumir estratégias de crescimento.

Neste movimento cego, muitos empresários deixam de ganhar dinheiro porque oferecem prazo sem que o cliente peça. Quando o cliente pergunta o preço aos vendedores contratados, pouco ou nada treinados e por medo de perderem a venda, já dizem logo:

— Custa *"tanto"*, mas dá para fazer em até 6 vezes sem juros.

O correto é dizer o preço e esperar alguns segundos pela reação do cliente. As modalidades de pagamento somente devem ser oferecidas como opcional e não como apelo de venda.

O próximo argumento persuasivo dos profissionais despreparados é o desconto, quase incurável ferida dos negócios. A cura até existe, mas, assim como o especialista é indispensável na medicina, nos negócios a consultora é a figura que pode mostrar ao dirigente quais foram as escolhas erradas até ali e descerrar para ele o matagal que esconde a luz do sucesso.

Empresários que sonegam

Há muitos anos, quando ainda começava a carreira de empresária, comecei a perceber que algo não ia bem em minha loja. Enumerei os pedidos e comparei com a saída efetiva. O resultado confirmou as suspeitas. Estava sendo roubada. Além da pesada multa por sonegação, ainda amarguei o prejuízo que o funcionário causou com seus desvios. Como toda experiência, deixou lições que transfiro até hoje nas consultorias.

Se o funcionário for propenso a adotar ações desonestas, ele vê na fragilidade de controle a sua grande e irresistível oportunidade.

Nosso país tem dirigentes que insistem no famoso bloco de pedido e ficam suscetíveis aos funcionários que decidem roubá-lo. Basta que o funcionário do pacote se una ao do caixa e pronto. Rasga-se o "pedidinho" e o passo seguinte é embolsar parte das compras pagas em dinheiro.

No futebol, ambiente que conheci como CEO, inteligência tributária é um expediente que quase nenhum time pratica e não é por inidoneidade deste ou daquele presidente, mas por falta de cultura ou, em muitos casos, total desconhecimento mesmo.

> Muitos presidentes ainda enxergam clubes como organizações ilesas ou às margens da justiça. E, por enxergarem assim, fazem o nosso mais apaixonante esporte caminhar pelo lamacento terreno sonegador.

Tomando de empréstimo o comércio para exemplificar, até que se descubra, o prejuízo pode ter sido enorme. Nas consultorias, apresento ao meio empresarial quanto se pode perder e como este expediente pode gerar desequilíbrio. Sócios e proprietários finalmente mudam porque percebem que enquanto tomam prejuízo com economia inviável, o concorrente tem lucrado através de rígido controle para emitir notas fiscais.

Alguns supostos consultores deixaram prejuízo financeiro e desgaste por onde andaram. Suas ações inadvertidas fizeram com que três perfis de empresários analisassem por conta própria o que e como é realizada uma consultoria.

1) Há empresários que consideram besteira contratar consultoria e alegam que consultores externos cobram uma fortuna para

dizer o óbvio. Embora não tenham culpa porque podem ter escutado isso em algum lugar e formado uma crença, é o perfil pobre, não exatamente de recursos, mas de informação, porque há pontos contaminantes no jeito de administrar e delegar que o líder maior não consegue perceber sem ajuda de profissionais externos, por mais que tenha habilidade e pulso firme;
2) Outros empresários valorizam e consideram caro contratar consultoria. É o perfil precavido. Cedo ou tarde, seus diretores aprendem a equilibrar as finanças e contratam o apoio capaz de aumentar o *market share* da empresa;
3) Quase por totalidade, o terceiro e último grupo é composto por empresários que entendem, valorizam e indicam consultoria para os seus amigos dos grupos 1 e 2. São estes empresários que formam opinião comercial e industrial, que guarnecem suas empresas e funcionários com verdadeiras armaduras contra crises setoriais e políticas.

Aos consultores sérios, focados no resultado do cliente, ficou então a responsabilidade de desmentir mitos, clarificar ideias e ajudar empresários com um conteúdo que ultrapasse teorias.

Cabe aos consultores apresentar números, gerar cases, reduzir rotatividade, identificar fraudes, melhorar a convivência interna, descobrir por qual ralo o dinheiro do cliente tem escoado, aperfeiçoar o atendimento externo, reduzir o passivo trabalhista, reformar a administração tributária do negócio e muito mais.

Com a minha experiência em clubes, comércio e empresas, felizmente nossa empresa comemora 100% de experiências positivas e satisfação total. Todos os clubes esportivos e empresas que contrataram nossa consultoria confirmaram resultados positivos advindos desta confiança por eles depositada e devidamente valorizada.

No exercício consultor, minha responsabilidade é proporcionar aos grupos 1 e 2, com serviços de eficiência comprovada, o desejo de fazerem parte do terceiro grupo.

O segmento, o município-sede do clube ou da empresa e até mesmo o perfil dos consumidores, tudo isso pode ser diferente. Afinal, cada investidor(a) decide em qual mercado e região do país irá investir e qual público que almeja atingir.

Em clubes ou empresas, valorosos critérios como seriedade, ética, comprometimento, pontualidade e lealdade com o público fiel não podem mudar. Já o layout, as políticas internas, marketing, perfil dos colaboradores, dos líderes e a capacidade de suportar dissabores devem estar em transformação contínua.

Parece difícil discernir entre o que e quando deve ou não mudar?

> Consultores sabem o que, como, quando, porque e qual o melhor momento para promover mudanças que não

comprometam o fluxo de caixa, a receita ou a imagem da empresa. Já os empresários, agindo sem apoio, assumem o dispensável risco de errar em um destes quesitos.

— *Eu te desafio. Trabalho de graça para ti. Se não resolver teu problema, tu não me pagas.*

Não conto mais quantas vezes repeti esta frase e me comprometi com empresários receosos de contratar consultoria. A partir desta linha desafiante de proposta, meus pares consultores - e note que não os chamei de concorrentes porque cada um tem seu estilo de prestar trabalhos - podem pensar que estou sendo arrogante. Não se trata disso e sim de algo que todos os consultores devem ter: confiança na experiência acumulada.

Tenho certeza de que vou até o final, de que me entrego de corpo e alma para atender aos problemas apresentados e identificar os que estavam ocultos debaixo do tapete do clube ou da empresa. Cinco boas razões me fazem ver a vida desta forma:

1. No pequenino e pobre vilarejo, aprendi esta atitude de caráter com os meus pais;
2. Edifiquei os conhecimentos na faculdade;
3. Aperfeiçoei-os na prática comercial e gestora;
4. Calei a boca de muita gente que não acreditava em mim;
5. E, por fim, quem me intitulava sonhadora demais, hoje aprendeu a aplaudir cada sonho que realizo enquanto ajudo a transformar o cenário gestor nacional.

O último desafio vai ficar para os consultores que tentam arrancar fortunas de clubes esportivos ou empresas com promessas que não cumprirão:

Leia de novo e procure a palavra dinheiro entre as minhas cinco boas razões.

Sabe por que você não encontrou?

> O dinheiro não me guia. Este eu já acumulei por excelência, mérito e coragem. O que me guia é o sucesso diário.

A visão CEO para o custo fixo

Chegou o instante de expor o segundo exemplo que prometi no início deste capítulo. Depois da experiência que narrei no *capítulo V*, como superintendente administrativa do clube, assumi outra administração, com uma diferença: este outro clube de tênis estava quebrado. Combinei com os diretores que em seis meses colocaria tudo em ordem, inclusive dando lucro.

Vou te contar como foi.

Fiz um diagnóstico e arregacei as mangas. O custo fixo para manter toda a estrutura do clube era estimado em 30 mil reais. Cada conselheiro contribuía com 1 mil reais por mês. Jogavam suas partidas de tênis, encontravam-se periodicamente e, enquanto isso, a vida seguia seu curso, mas o clube ia ficando largado.

Além dos conselheiros, não existiam associados ou fonte de renda alternativa. Em plena época de copa do mundo, o enorme salão que poderia ser alugado ficava vazio. Os sócios não imaginavam quanto custava cada item necessário para o funcionamento do negócio, que até ali sequer poderia ser chamado assim. Estava mais para um clube de amigos. Com carta branca para atuar, o processo seletivo foi meu primeiro passo. Contratei uma profissional de visão muito parecida com a minha para atrair sócios e também inseri no clube alguns poucos funcionários para ajudá-la na empreitada.

Todos os dias, fazia *check list* de tarefas e atribuições com cada funcionário.

— Você ficou de fazer tal tarefa. Foi feita? Não? E quando fará?

Anotava e cobrava novamente na reunião seguinte. Sobrava até para os dirigentes.

— Presidente, você ficou de fazer tal tarefa e tenho seis meses para entregar o que te prometi. Já realizou? Não? Quando vai realizar?

Estabeleci um programa de metas e premiações. Diariamente acompanhava os resultados da prospecção. Visitei cada universidade para verificar a data de formatura e oferecer o aluguel de nosso enorme salão com preço diferenciado.

Depois de tanta luta, de trabalho executado com amor e confiança, o resultado surgiu.

Em seis meses, cadastramos 1300 sócios pagantes e ativos. Montamos uma academia de ginástica que foi considerada modelo, com nutricionista, psicóloga e especialista em obesidade mórbida.

Fizemos tudo isso com dinheiro do clube, sem pedir que os conselheiros colocassem a mão em seus bolsos e sem gerar dívidas para o clube.

> *Você consegue contar quantos cases eu narrei na obra? Confesso que nem eu. Registro meu o desejo de que você construa dez vezes mais cases com estes ensinamentos.*

O próximo case da Marca Consultoria pode ser o seu clube esportivo ou a sua empresa. Ao convidar-me para uma reunião livre de qualquer compromisso, comente que leu o meu livro. Se assinarmos contrato, seu negócio tem assegurados 10% de desconto porque você apostou em mim. É justo que eu aposte em você. Eis o meu contato: sucesso@marcabylisete.com

Como um bônus, vou deixar algumas dicas finais para quem sonha com a carreira de gestão:

Não tema o mercado;

Se for mulher, não tema os feudos construídos por machistas e retrógrados;

Não tema a concorrência;

Assuma riscos calculados;

Valorize-se;

Acredite naquilo que pode fazer;

Imagine-se à frente;

Se você é mulher e divorciada, duplique a autoestima porque tentarão te derrubar; Busque nichos de mercado inexplorados; Estude e busque conhecimentos, não até amanhã, mas até o último dia de vida; Tenha metas. A minha, até aqui, era escrever este livro. A partir de amanhã, será outra e, no próximo livro, prometo que te contarei em detalhes.

Chegou a hora de me despedir. Foi ótimo escrever para você e te entregar chances reais de construir uma carreira tão sólida como a minha. Vou até ali celebrar a conclusão da obra, servir-me de uma merecida taça de espumante e fazer o que propõe esta simpática tatuagem:

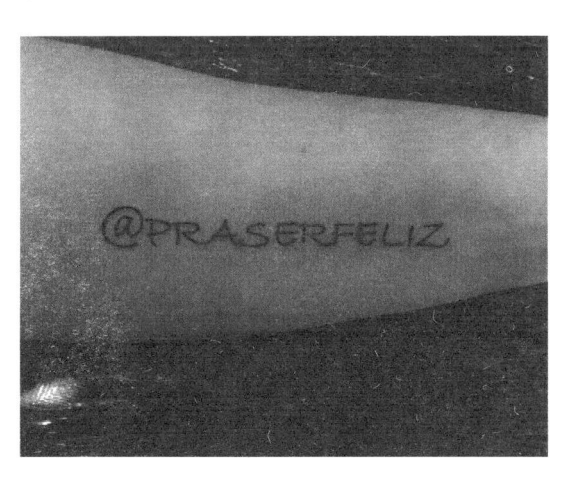

Vejo você por aí, entre as consultorias e as felicidades desta vida...

Impresso por :

Graphium
gráfica e editora

Tel.:11 2769-9056